思想政治教育研究文库

大学生文化认同研究

马丽萍　著

光明日报出版社

图书在版编目（CIP）数据

大学生文化认同研究 ／ 马丽萍著 . －－北京：光明
日报出版社，2021.6
ISBN 978－7－5194－6146－1

Ⅰ.①大… Ⅱ.①马… Ⅲ.①大学生—思想政治教育
—研究—中国 Ⅳ.①G641

中国版本图书馆 CIP 数据核字（2021）第 110209 号

大学生文化认同研究
DAXUESHENG WENHUA RENTONG YANJIU

著　　者：马丽萍

责任编辑：刘兴华　　　　　　　　责任校对：傅泉泽
封面设计：中联华文　　　　　　　责任印制：曹　诤

出版发行：光明日报出版社
地　　址：北京市西城区永安路 106 号，100050
电　　话：010－63169890（咨询），010－63131930（邮购）
传　　真：010－63131930
网　　址：http://book.gmw.cn
E － mail：liuxinghua@ gmw.cn
法律顾问：北京德恒律师事务所龚柳方律师
印　　刷：三河市华东印刷有限公司
装　　订：三河市华东印刷有限公司
本书如有破损、缺页、装订错误，请与本社联系调换，电话：010－63131930
开　　本：170mm×240mm
字　　数：205 千字　　　　　　　印　　张：16
版　　次：2021 年 6 月第 1 版　　　印　　次：2021 年 6 月第 1 次印刷
书　　号：ISBN 978－7－5194－6146－1
定　　价：95.00 元

目 录
CONTENTS

导　论

随着全球化与信息化的发展，各个国家之间的交往变得日益频繁，各种文化观念与社会思潮互相激荡，西方资本主义国家通过各种方式向我国输出他们的文化价值观念，渗透西方资本主义意识形态。高校处于意识形态斗争的前沿，多元价值观念在高校冲击显著。大学生在价值观和文化选择方面出现的各种各样的困扰，都与文化认同问题有着密切的联系。2017年《高校思想政治工作质量提升工程实施纲要》中提出建设文化育人体系，提升育人质量，"注重以文化人以文育人，深入开展中华优秀传统文化、革命文化、社会主义先进文化教育，推动中国特色社会主义文化繁荣兴盛，牢牢掌握高校意识形态工作领导权，践行和弘扬社会主义核心价值观，优化校风学风，繁荣校园文化，培育大学精神，建设优美环境，滋养师生心灵、涵育师生品行、引领社会风尚"①。由此可见，培养大学生形成正确的文化价值观，树立正确的文化认同，已经成为当前高校思想政治教育工作的重要组成部分。

---

① 中共教育部党组关于印发《高校思想政治工作质量提升工程实施纲要》的通知［EB/OL］. http://www.moe.gov.cn/srcsite/A12/s7060/201712/t20171206_ 320698. html.

第一节　问题的提出及研究意义

"中国特色社会主义进入了新时代,这是我国发展新的历史方位"①。从历史脉络来说,这是一个"承前启后、继往开来、在新的历史条件下继续夺取中国特色社会主义伟大胜利的时代"②。这是一个中华民族伟大复兴前景光明的时代,也是一个机遇与挑战并存的时代。当今全球化进程显著加快,传统文化与现代文化,本土文化与外来文化共存,使得部分大学生对自身原有的文化价值可能会产生一定程度的困惑。新时代大学生肩负着实现中华民族伟大复兴的重要历史使命,加强新时代大学生的文化认同研究具有重要意义。

一、问题的提出

随着社会经济的快速发展,经济全球化的进程不断深化,各种文化之间的交流日益加强,异质文化间的冲突与碰撞也越发明显。当大学生面对各种交锋的文化、思想与意识形态时,往往会出现困惑,作为一名高校辅导员,深深感受到大学生文化认同的重要性,亟须我们从理论上探讨大学生文化认同,并在实践中进行文化反思。

1. 大学生文化认同研究是社会主义文化发展战略的时代要求

文化发展战略是我国国家发展战略中的重要组成部分,是根据我国

① 习近平. 决胜全面建成小康社会 夺取新时代中国特色社会主义伟大胜利——在中国共产党第十九次全国代表大会上的报告 [M]. 北京:人民出版社,2017:10.
② 习近平. 决胜全面建成小康社会 夺取新时代中国特色社会主义伟大胜利——在中国共产党第十九次全国代表大会上的报告 [M]. 北京:人民出版社,2017:10 – 11.

的社会发展情况和国际环境，对文化发展的重大问题做出的长远的、全局性的谋划。党的十九大报告中指出："文化是一个国家、一个民族的灵魂。文化兴国运兴，文化强民族强。没有高度的文化自信，没有文化的繁荣兴盛，就没有中华民族伟大复兴。"① 这反映了党和国家高度重视社会主义文化建设，建设文化强国是一个十分迫切和重要的任务，也是我们党必须长期为之奋斗的战略目标之一。社会主义文化的繁荣发展是文化强国的重要标志，是实现社会主义现代化的前提与表现，也是实现近代以来中华民族伟大梦想"中国梦"的重要内容。只有高度的文化认同和文化自信，才能促进社会主义文化繁荣发展，才能实现中华民族伟大复兴。新时代大学生是国家未来发展的希望，是中华民族复兴未来主要的建设力量，他们的文化认同和精神状态直接影响到我们的社会主义现代化建设事业的成败。提高大学生文化认同和文化自信，加强大学生文化认同研究，符合党和国家社会主义文化建设与发展的战略要求。

2. 大学生文化认同的研究是新时代大学生肩负历史使命的迫切需求

中国特色社会主义进入了新时代，这是我国发展新的历史方位。作为我国宝贵的人才资源，新时代大学生身上承担着实现中华民族伟大复兴的历史使命，肩负着继承和弘扬中国特色社会主义文化的历史使命，在当今及未来的社会发展中发挥着越来越重要的作用。首先，目前中国的大学生是一个人数庞大的群体，根据国家统计局发布的数据显示，2019 年全国在校大学生（不包含研究生及成人本专科）人数达到了

---

① 习近平. 决胜全面建成小康社会 夺取新时代中国特色社会主义伟大胜利——在中国共产党第十九次全国代表大会上的报告［M］. 北京：人民出版社，2017：40 - 41.

3031.5万①，处于历史最高水平。这一庞大的群体在社会上具有很大的影响力和发展潜力。其次，新时代大学生未来将要承担起艰巨的现代化建设重任。当前我国经济与社会发展正处于一个转型期，由比较封闭的传统社会快速转向资讯发达的现代信息社会和消费社会。快速的社会转型给我们带来了众多机遇，同时也带来了很多社会问题。在这种社会转型期的复杂形势中，大学生要肩负起未来现代化建设的艰巨重任，他们的素质、能力和价值观对于国家的未来发展具有举足轻重的作用。新时代大学生群体生活在一个多元文化的时代，同质文化与异质文化之间的冲突，带来了各种的不确定性，从而使大学生群体中出现了各种文化困惑。同时，他们不但要适应这个处于转型期的复杂社会环境，还要提高自己的综合能力与素质以适应未来的社会，这对他们又提出了新的挑战。这就要求大学生能够在多元文化并存的当代社会中自觉地认同并发展中国特色社会主义文化，弘扬积极向上的民族精神。因此，我们有必要全面了解新时代大学生目前的文化认同状况，发现问题，引导他们树立正确的文化认同观念，帮助他们在复杂的文化场域中找到属于自己的正确坐标。要帮助他们继承和弘扬中国特色社会主义文化，向世界展现中国良好的文化与国家形象，提高中国文化的国际影响力，树立民族文化自豪感，培养文化自觉，增强文化自信。只有这样，才能更好地发挥大学生在社会主义现代化建设中的主力军作用，今日为中华之崛起而读书，明日为实现中华民族伟大复兴而奋斗。

---

① 国家统计局. 各级各类学历教育学生情况（2019年）［EB/OL］. http：//www.stats. gov. cn/tjsj/ndsj/2020/indexch. htm.

3. 大学生文化认同的研究是做好高校思想政治教育工作的有力保障

提高大学生文化认同研究工作的水平与质量可以为做好高校思想政治教育工作提供有力保障。2004 年国务院《关于进一步加强和改进大学生思想政治教育的意见》中指出："加强和改进大学生思想政治教育，提高他们的思想政治素质，把他们培养成中国特色社会主义事业的建设者和接班人，对于全面实施科教兴国和人才强国战略，确保我国在激烈的国际竞争中始终立于不败之地，确保实现全面建设小康社会，加快推进社会主义现代化的宏伟目标，确保中国特色社会主义事业兴旺发达、后继有人，具有重大而深远的战略意义。"① 做好大学生思想政治教育工作具有国家战略意义，而大学生文化认同作为高校思想政治教育工作的重要内容，其重要意义可见一斑。在当代中国社会，学校教育、多元文化思潮、大众传媒等众多因素都会对大学生产生直接或间接的影响，在潜移默化中影响着大学生的人生观、世界观与价值观。因此，在当今多元文化社会，为了做好大学生思想政治教育工作，有必要重点支持和鼓励大学生文化认同的科学研究，促进大学生思想政治教育稳步、健康发展。

4. 大学生文化认同的研究是国内外环境的时代要求

"我国正处在大发展大变革大调整时期，国际国内形势的深刻变化使我国意识形态面临着复杂的情况，各种思想文化相互激荡，不同文明交流交融交锋更加频繁，进一步凸显了思想文化力量在综合国力竞争中

---

①　教育部社政司.《中共中央国务院关于进一步加强和改进大学生思想政治教育的意见》学习辅导百问［M］. 北京：中国人民大学出版社，2005：1.

的战略地位"①。国内外社会环境氛围的深刻变化，使得大学生文化认同面临挑战，大学生的价值观念和生活方式逐渐受到从西方传入的各种社会思潮和价值观念的影响，整个社会文化环境日益表现出多元化的特征。对于这种多元化的态势我们应当有一个清醒、正确的认识。一方面，多元文化有利于大学生学习和吸收世界各国优秀的文明成果，有利于我们社会的进步；另一方面，由于大学生价值观尚未成熟，当他们面对不同文化激烈的融合与冲突时，当他们面对各种激烈交锋的世界观、人生观和意识形态时，往往会出现困惑与迷惘，不能正确甄别敌我，明辨是非。因此，在高校思想政治教育工作中，要重视大学生文化认同的现状，努力弘扬中华优秀传统文化，教育大学生学习革命文化和社会主义先进文化，吸收外来文化中的积极成分，树立牢固的社会主义核心价值观。

二、研究的理论意义

1. 有利于丰富文化认同理论研究

截至 2019 年 12 月，国内外有关文化认同的研究已较为深入，内容主要涉及文化认同的结构与类型研究、文化认同特点研究、文化认同意义研究、文化认同路径研究以及针对特殊群体的文化认同状况研究等，形成了哲学、社会学、教育学、心理学等文化认同的研究视角。但是目前国内外专门针对大学生文化认同的研究却相对较少。对新时代大学生文化认同的概念、机制、内容、现状、存在的问题及其对策进行探讨，有助于丰富文化认同领域的理论研究。

---

① 中共中央文献研究室. 习近平关于社会主义文化建设论述摘编 [M]. 北京：中央文献出版社，2017：107.

2. 有助于推动大学生思想政治教育中的文化载体研究

"文化本身就蕴含着大量的思想政治教育的内容，它能潜移默化地影响着人们的思想和行为趋向，引导人们树立正确的价值观……作为思想政治教育的文化载体，是指思想政治教育者充分利用各种文化产品，将思想政治教育内容渗透于各项文化建设之中，让各种文化活动承担一定的思想教育功能"①。当今信息化、多元化的社会环境氛围，给新时代的大学生思想政治教育工作提出了新的要求，无论在内容还是载体方面都需要随着时代发展而创新。大学生文化认同研究关注思想政治教育在网络时代、融媒体时代与时俱进的教育内容与形式，有利于思想政治教育文化载体研究。

三、研究的现实意义

1. 有助于加强新时代大学生文化认同的培育

在当今的世界格局中，文化发展呈现出多元化的特征，这种多元化使得新时代大学生文化认同受到诸多因素的综合影响，这就为大学生文化认同带来了机遇和挑战。通过研究，梳理出大学生文化认同的机制、内容、现状、存在问题及对策，从而有针对性地提升大学生文化认同，有助于他们弘扬社会主义核心价值观，学习和传承中华优秀传统文化、革命文化、社会主义先进文化。

2. 有助于增强大学生的文化自觉，培养大学生的文化自信

大学生文化认同是大学生对中国特色社会主义文化的共识与认可，其本质是形成对中国特色社会主义文化的自信和自觉。大学生文化认同研究要解决的核心问题是如何增强大学生文化认同意识，提高大学生的

---

① 张耀灿等. 现代思想政治教育学［M］. 北京：人民出版社，2006：401.

文化自觉和文化自信。文化自觉指的是生活在某个民族文化中的人应该清楚自身民族文化的来龙去脉，了解自身文化的特点、优势和发展方向，在传承传统文化的基础上，根据新时代的要求自主选择并创新发展文化①。"文化自信，是更基础、更广泛、更深厚的自信。在五千多年文明发展中孕育的中华优秀传统文化，在党和人民伟大斗争中孕育的革命文化和社会主义先进文化"②，文化自觉与文化自信之间相辅相成，二者是辩证统一的关系。加强大学生文化认同领域的研究，对于促进大学生的文化自觉、提高大学生的文化自信具有重要意义。

3. 有利于强化文化引领在大学生思想政治教育中的重要作用

在大学生思想政治教育工作中，培养大学生形成正确的文化认同，养成正确的文化观、价值观，这既是当前高等教育的重要任务，也是大学生思想政治教育的重要目标之一。为此需要通过以文化人来开展大学生思想政治教育，把中华优秀传统文化的内涵有机地与教育教学相融合，加强对大学生的革命文化教育和社会主义先进文化教育。在理论研究和实证研究的基础上，在文化路径上为大学生思想政治教育工作提供相应对策，凸显了文化引领在思想政治教育中的重要价值。

① 费孝通. 反思·对话·文化自觉［J］. 北京大学学报（哲学社会科学版），1997（3）：22.
② 中共中央文献研究室. 习近平关于社会主义文化建设论述摘编［M］. 北京：中央文献出版社，2017：13.

第二节 国内外文化认同研究概况

一、国内研究概况

同国外研究相比，我国的文化认同研究起步较晚，早期研究主要是针对国外认同理论的译作，研究成果主要散见于一些教育学、心理学词典和《辞海》等工具书。20世纪90年代以后，文化认同研究开始兴起，第一部文化认同专著是郑晓云的《文化认同论》。21世纪以来，文化认同研究的广度和深度不断拓展，逐渐成为国内学术热点问题之一。截至2019年12月，中国知网（CNKI）文献高级检索中，以"文化认同"为篇名的文献共有3751篇，国内学者在文化认同问题上的研究比较广泛，但是以"大学生文化认同"为篇名的文献只有82篇，相关的硕士论文只有8篇，博士论文只有1篇，国内相关著作也主要涉及文化认同，但是针对大学生文化认同的相关著作却相对较少。

（一）关于文化认同的研究

通过对相关文献的整理、归纳和梳理，发现国内文化认同研究在内容上比较广泛，涵盖了文化认同的结构、特点、意义、路径以及特定群体的文化认同等方面，不乏很多颇具价值的理论和实证研究，这些研究成果提供了宝贵的研究基础，从内容上可以分为以下六个方面：

1. 关于文化认同结构与类型的研究

文化认同的结构与类型具有独特性，目前国内一些学者结合自己研究领域对文化认同的结构和类型做出了划分，但整体来说相关研究尚处于探索阶段。郑晓云认为，文化认同可以分为五类，包括自然认同、通过文化接触和交融获得的认同、民族分化融合中的认同、文化主体辐射中的认同以及强制认同①。丁琴海认为，文化认同可以分为开放性文化认同和混杂性文化认同两种类型②。陈刚指出，"文化认同表现在方方面面，政治、经济、伦理、宗教、语言和观念，举凡同人的活动有关的一切领域几乎都是文化的领域，因而都有个文化认同的问题"③。王沛指出，民族文化认同包含着"文化符号认同、文化身份认同、价值文化认同"④ 等要素。邢媛则认为，文化认同可以分为三种形式，包括"关注身份认同的经验主义、聚焦个体心理、态度的功能主义与突出价值判断和选择原则的现实主义"⑤。和少英、和光翰认为，文化认同体系可以分为三个层次，包括处于表层的对文化形式的认同，位于中间层的对文化规范与准则的认同，以及作为核心层的对文化价值的认同⑥。

2. 关于文化认同特点的研究

通过查阅文献，国内多位学者关于文化认同特点的研究做过不同的论述，但整体上可以归纳为多元性、动态性和社会性。在文化认同的多元性上，邓治文认为，文化认同源自复杂的社会过程，无论是个体还是集体都可能呈现出多种或多重认同，我们在理解认同问题时，需要将这些复杂现象考虑在内⑦。韩震认为，文化认同无论在进程上、形态上还是内容上具有复杂性和多重性，其原因是文化认同的根源来自文化的差

① 郑晓云. 文化认同论［M］. 北京：中国社会科学出版社，1992.
② 丁琴海. 论全球化时代的文化认同［J］. 国际关系学院学报，2009（2）：51－57.
③ 陈刚. 全球化与文化认同［J］. 江海学刊，2002（5）：50.
④ 王沛，胡发稳. 民族文化认同：内涵与结构［J］. 上海师范大学学报，2011（1）：105.
⑤ 邢媛. 论文化认同的三种主要形式［J］. 科学技术哲学研究，2017（4）：102.
⑥ 和少英，和光翰. 文化认同与文化挪借［J］. 云南社会科学，2018（6）：182.
⑦ 邓治文. 论文化认同的机制与取向［J］. 长沙理工大学学报，2005（2）：30－34.

异、流变和断裂①。在文化认同的动态性上，杨筱指出，文化认同建构于社会过程中，并随着社会制度和利益的改变而处于不断的重塑之中。同时，由于个人和集体不会孤立地存在，而总是处于某种政治体制之中，因此个人和集体的政治文化认同也会因制度的变迁而改变②。李素华认为，文化认同具有可变性和可塑性，是一种动态的、自然发生的过程③。邢媛则认为，"文化认同是文化拥有者选择的结果，同时是不断变化的，具有选择性和可变性"④。在文化认同的社会性上，李素华认为认同来源于个人与他者之间的互动关系，是集体行为的表现形式之一⑤。邓治文认为文化认同是社会的产物，必然要在社会中形成⑥。

3. 关于文化认同意义的研究

通过查阅国内有关文化认同的文献发现，国内学者目前关于文化认同意义的研究已经形成了不同的学派。主要可以概括为以下三个方面：其一是"人本说"。王成兵认为，当今社会中存在着认同危机，这种危机是一个哲学和人学问题，因此需要我们通过人学的视野全方位、深层次地考察这种认同危机⑦。邓治文认为，人类自由的体现之一就在于人格的完善与健全，这种人类的自由也是文化认同的终极追求目标。因此，合理的文化认同的价值内核是以人为本，发展并完善人格⑧。姜华则认为，文化认同的意义在于"培养认同社会主义文化，肯定社会主

---

① 韩震. 全球化时代的文化认同与国家认同［M］. 北京：北京师范大学出版社，2013：37.

② 杨筱. 认同与国际关系［D］. 北京：中国社会科学院研究生院，2000.

③ 李素华. 对认同概念的理论述评［J］. 兰州学刊，2005（4）：201－203.

④ 邢媛. 文化认同的哲学论纲［M］. 北京：人民出版社，2018：53.

⑤ 李素华. 对认同概念的理论述评［J］. 兰州学刊，2005（4）：201－203.

⑥ 邓治文. 论文化认同的机制与取向［J］. 长沙理工大学学报，2005（2）：30－34.

⑦ 王成兵. 当代认同危机的人学解读［M］. 北京：中国社会科学出版社，2004.

⑧ 邓治文. 论文化认同的机制与取向［J］. 长沙理工大学学报，2005（2）：30－34.

义核心价值观的人，塑造、捍卫社会主义文化存在和发展的主体和承担者"①。其二是"民族说"。持此见解的学者主要有郑晓云、赵峰等。郑晓云指出，文化认同体现文化群体的基本价值取向，对于民族形成、存在与发展发挥着重要的凝聚力作用，并可以成为文化群体中的黏合剂②。赵峰认为，民族认同的重建，对于中华民族现代复兴具有重要意义。这种文化重建，将重新定义自我和世界，重新定位文化共同体的发展战略③。其三是"政治说"。秦宣认为，文化认同能够提高主流意识形态的整合力，稳定思想文化。我们应当用社会主义核心价值体系来引领社会思潮，增强中国人民对中华民族的文化认同感④。吴玉军、刘娟娟从国家安全的角度分析了文化认同，认为文化认同是文化安全的核心，对于"增强人们的文化心理归属感，促进国家的团结统一，提升国家的国际感召力，亦即提升国家总体安全水平具有极其重要的作用"⑤。

4. 针对特定群体的文化认同研究

国内的文化认同研究目前正趋于细化，研究的对象也主要针对某些特定的社会群体，这类研究可以使我们更好地理解不同群体的文化认同状况，为我们的政策与措施的制定提供依据。目前国内文化认同研究所关注的特定群体主要有大学生群体、青年群体、华侨华人群体和少数民族群体，主要代表性研究包括万明钢（2002）关于藏族大学生文化认

---

① 姜华. 全球语境下文化自觉与文化认同的哲学思考——韦伯关于德国文化问题研究的启示 [J]. 求是学刊, 2012 (2): 36.

② 郑晓云. 文化认同论 [M]. 北京: 中国社会科学出版社, 1992.

③ 赵峰. 民族精神与文化认同 [J]. 江苏行政学院学报, 2004 (6): 28 – 33.

④ 秦宣. 分化与整合——谈当代中国人的文化认同 [J]. 教学与研究, 2012 (2): 5 – 10.

⑤ 吴玉军, 刘娟娟. 总体国家安全观视域下的文化认同问题 [J]. 中国特色社会主义研究, 2018 (5): 47.

同的调查研究，韩震（2009）关于华侨华人文化认同的研究，沈壮海（2014）关于青年学生的文化认同研究，以及杨建义（2016）关于当代大学生文化认同研究等。在这些研究中，针对大学生群体的文化认同研究正逐渐成为文化认同研究领域新的关注点。

5. 对文化认同的有效路径探索

国内一些学者认为，中国社会目前存在某种程度的文化认同危机。受当今经济全球化与信息化环境的影响，中国的传统文化与价值观念受到了一定程度的冲击，针对这些问题学者们探讨了文化认同的有效路径。张旭东分析了文化政治的概念，梳理并评价了西方文化政治的代表人物和代表思想，并结合中国的社会现状，探索中国人在全球化与现代性的语境中实现自我认识和认同的有效路径①。王立洲认为，在当今中国社会转型时期，无论在文化建设中还是在社会建设中，我们都需要关注国人在文化认同和信仰方面出现的危机，解决这些危机的有效措施是立足社会主义核心价值体系建设②。杨建义认为，为了引领大学生从正确的文化认同走向文化自信，我们需要从"四个自信"出发，"构建优秀传统文化转化的实践途径，优化文化生态环境，增强大学生的文化获得感，在与'他者'的比较中坚定文化自信"③。

6. 关于文化认同与文化自信的关系研究

在文化认同与其他文化概念的关系研究中，学者普遍关注文化认同与文化自信之间的密切关系。丹珠昂奔研究了习近平关于文化自信、文化自觉和文化认同的讲话精神，提出文化认同是最深层次的认同，文

---

① 张旭东. 全球化时代的文化认同：西方普遍主义话语的历史批判［M］. 北京：北京大学出版社，2005.

② 王立洲. 当代中国人的文化认同危机及其重建［J］. 求实，2011（4）：49 – 52.

③ 杨建义. 引领大学生从文化认同走向文化自信［J］. 高校辅导员学刊，2017（1）：6.

自信是更深厚、更广泛、更持久的自信，文化自知和文化自主则是文化自觉要重点解决好的问题①。詹小美分析了历史记忆、文化认同、文化自信之间的关系，认为文化认同对于族群成员具有巨大的凝聚力，使成员产生归属感和自豪感，文化自信则是民族成员对所属文化持有的积极状态和文化确信，文化自信的确立来自历史记忆的时间表征和文化认同的空间定在②。

（二）关于大学生群体的文化认同研究

为了梳理新时代大学生文化认同研究热点，选择 CNKI 核心期刊和 CSSCI 期刊作为检索源期刊，以可视化的形式展示"大学生文化认同"相关主题的研究热点，结合思想政治学科背景解读大学生文化认同研究的总体发展趋势，以便得到针对大学生文化认同研究的整体概括描述。通过 CNKI 核心期刊和 CSSCI 数据库搜索统计，截至 2019 年 12 月，关于大学生文化认同的研究文献共 141 篇。如图 1 所示，可以看出"大学生文化认同"关键词共现网络的情况，其中的关键节点与字体大小取决于词频的大小，节点越大则表示发表的文献越多，关注点就越多。节点之间的连线表示文献之间的共引关系。这些关键节点互相联系，共同构成大学生文化认同研究领域。通过节点大小可以看出研究的重点所在，主要集中在文化认同、认同危机、校园文化、少数民族大学生、思想政治教育、多元文化、文化适应、文化自信、认同教育、中国传统文化、国家认同、价值认同等方面。

---

① 丹珠昂奔. 认同、自信与自觉——习近平文化思想之思考［J］. 青海民族研究，2017（7）：1-9.

② 詹小美. 历史记忆固基文化自信、文化认同的逻辑延展［J］. 思想理论教育，2017（9）：23-29.

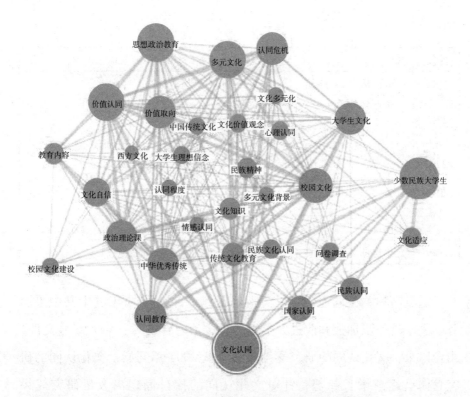

图1 "大学生文化认同"关键词共现网络情况

　　为了梳理大学生文化认同研究趋势，进一步细化关键词出现的频率。通过列出大学生文化认同关键词列表，可以清晰地看到出现年度及研究热度（见表1）。

表1　大学生文化认同高频关键词列表

年度	关键词（频次）
2004	文化适应（1）民族认同（1）藏族大学生（1）
2009	大学生（8）文化认同（5）核心价值观（2）认同危机（2）
2012	大学生（10）身份认同（2）文化适应（2）民族认同（2）
2013	社会主义核心价值体系（4）认同教育（4）维吾尔族大学生（3）新媒体（1）

续表

年度	关键词（频次）
2014	网络传播（2）路径（2）社会主义核心价值观（2）
2015	文化自觉（4）文化自信（1）路径（4）社会主义核心价值观（11）文化观（2）传统文化教育（2）文化素养（1）
2016	政治认同（1）思想政治教育（2）红色文化（1）
2017	文化自信（3）认同机制（2）校园文化建设（2）文化价值认同（2）认同路径（3）
2018	文化自信（3）文化自觉（2）以文化人（2）认同教育（2）
2019	文化自觉（1）对策（1）网络时代（1）

通过高频关键词列表可以清晰地看到，自从2004年《中共中央国务院关于进一步加强和改进大学生思想政治教育的意见》（16号文件）出台以来，文化认同的研究逐渐增多。从2004年开始，文化认同的研究总体呈逐渐增长趋势，针对文化认同的探讨涌现出大量研究成果（见图2）。2009年开始出现大学生文化认同这个关键词，2016年习近平总书记在建党95周年大会的讲话中提出文化自信，研究热点围绕文化自信展开，大学生文化认同的研究在逐渐深入，最后聚焦在文化自信、文化价值认同、认同路径等一系列相关研究上。

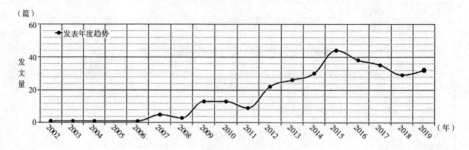

图2　总体研究趋势分析图

经过对 CNKI 文献检索的整理发现，目前针对大学生文化认同问题的研究在内容和主题上主要集中在如下五个方面：

1. 关于大学生文化认同危机成因的研究

一些学者认为大学生文化认同存在危机，并针对大学生文化认同危机的原因进行了分析。第一是社会转型带来的负面影响，王玉丰认为，由于我国社会当前正处于社会转型期，这一特殊时期会出现很多不良现象和不健康的思想，会给大学生带来很多困惑，从而影响他们的文化认同，在社会上形成一定程度的认同危机①。第二是来自西方文化的强力冲击，王春江等人都认为，这种来自西方的文化侵略削弱了大学生的文化认同感②。第三是教育的失位，付蓓认为，在目前国内的高等教育中，传统文化教育相对于其他方面处于被边缘化的位置。同时，社会教育影响力在网络传媒等领域出现了某种程度的失控状态，这也妨碍了青年大学生传统文化认同感的良好培育③。第四是当前社会信息传播方式的改变，也对大学生的文化认同产生了一定的影响。周静认为，随着移动互联网技术的高速发展，大学生的学习、思维和生活方式都呈现出去中心化和碎片化的"微时代"特征，从而给大学生的文化认同带来危机和挑战④。

2. 关于文化认同在大学生思想形成中的作用研究

越来越多的学者开始关注并研究大学生思想形成过程中文化认同的

---

① 王玉丰. 试探大学生文化认同现状与成因 [J]. 学校党建与思想教育，2006（7）：63-65.

② 王春江. 多元文化背景下大学生的文化认同与民族精神弘扬和培育 [J]. 辽宁教育研究，2007（8）：104-106.

③ 付蓓. 多元文化背景下的大学生民族文化认同缺失原因分析 [J]. 湖南农机，2008（11）：84-87.

④ 周静. 微时代环境下大学生主流文化认同危机及其治理 [J]. 湖北社会科学，2018（2）：184.

作用，尤其是多元文化在大学生思想形成中的影响过程与作用。李庆华分析了认同在大学生价值观体系形成过程中的影响作用，强调了无意识对个体行为产生的影响，将思想的内隐与认同联系在了一起①。此外，奚彦辉研究了个体对于外部影响的接受，发现在很多情况下，个体虽然接受了某种影响，但这种影响却是内隐性的，发生于无意识的状态之中②。赵宁认为，以中华传统文化与文明为载体对大学生开展文化认同教育，"有助于增强作为教育主体的高校大学生的主观能动性"，"增强大学生对各种不良社会思潮的抵御能力，增强其对民族文化的自信心，对国家的自豪感，并将社会主义核心价值观自觉内化为个人的世界观、价值观"③。

3. 关于少数民族大学生文化认同的研究

万明钢等通过对藏族大学生开展问卷调查，研究了他们在语言、习俗、宗教、身份等四个方面的认同状况，发现藏族大学生的民族认同在文化变迁与社会发展过程中呈现出分化的倾向，并分析了出现这种倾向的社会原因④。李志英认为少数民族大学生内部存在多民族的差异，这种差异也反映在他们对本民族文化和主流文化的认同之中⑤。杨素萍、尚明翠对比了中国西南地区少数民族大学生的文化认同情况，发现相对

---

① 李庆华，奚彦辉. 试论"认同"在大学生思想形成中的作用 [J]. 思想政治教育研究，2009（5）：25-29.

② 奚彦辉. 大学生思想形成的认同机制探究 [J]. 思想理论教育导刊，2011（4）：99-102.

③ 赵宁. 大学生文化认同教育体验模式研究 [J]. 遵义师范学院学报，2017（4）：87.

④ 万明钢，王亚鹏，李继利. 藏族大学生民族与文化认同调查研究 [J]. 西北师大学报，2002（5）：14-18.

⑤ 李志英. 少数民族大学生文化认同问题研究 [J]. 北京教育（德育），2009（4）：56-58.

于汉族大学生，少数民族大学生更认同本民族的文化。同时他们发现其他一些静态因素（例如性别因素）也会造成大学生文化认同的差异①。周俊利分析了民族高校大学生文化认同多元化的原因，认为影响民族高校大学生文化认同的因素主要包括族群身份、生活环境、社会环境、教育背景和经济地位等②。

4. 大学生文化认同的跨学科视角研究

目前国内学者从跨学科视角研究大学生文化认同，呈现出跨学科的交叉研究趋势，如魏卓然从社会学的视角研究了大学生群体的文化认同，认为文化认同是人们在一个环境中共同持有的行为准则，是一种人们在态度上认可、在行为上接纳的状态③。杨萍从心理学视角出发研究了少数民族大学生的文化认同状况，分析了目前存在的一些问题，并提出了初步的解决措施④。此外，人类学、教育学等学科也是研究大学生文化认同所经常采用的学科视角。李天慧则从认知哲学的视角审视了文化认同，认为由于认知与认同的相似性关系，使得认知哲学视角的研究"能够使文化认同的全过程和具体环节更为清晰"，从而"为当代中国文化认同重建提供一种新的路径"⑤。

① 杨素萍，尚明翠. 广西汉、壮族大学生文化认同调查研究［J］. 广西师范学院学报（哲学社会科学版），2011（3）：74 – 77.
② 周俊利. 多元文化背景下民族高校大学生文化认同探析［J］. 云南民族大学学报（哲学社会科学版），2017（3）：157.
③ 魏卓然. 转型期大学生群体文化认同的社会学研究［D］. 南京：南京航空航天大学，2007.
④ 杨萍. 心理学视域下少数民族大学生文化认同研究［J］. 贵州民族研究，2015（7）：221 – 223.
⑤ 李天慧. 基于认知哲学的文化认同机制构建［J］. 当代中国价值观研究，2018（4）：98.

5. 关于大学生文化认同教育策略的研究

通过对相关文献归纳整理发现，关于大学生文化认同教育或引导策略的研究基本可概括为以下几个方面：首先是以社会主义核心价值体系引领大学生文化认同。杨建义认为，大学生文化认同必须坚持文化方式与价值内涵的统一，坚持一元主导，兼容并蓄，以社会主义核心价值体系引领文化认同，提高大学生文化认同的水平①。李晶认为，文化认同和价值观认同之间有着密不可分的联系，文化认同可以推动价值观的培育工作。"社会主义核心价值观是对当前国内多元价值观碰撞和西方文化冲击的回应，是提升中国软实力的重要根基，是坚持中国特色社会主义道路的重要推动力"②。张宗峰、焦娅敏认为，需要重视价值观培育，从社会现实出发，"通过教育解读、舆论引导、体验感悟以及传统滋养等恰当的认同方式承载起文化涵养心灵的机制建构"③。其次是通过加强校园文化建设来促进大学生文化认同，如樊娟认为发挥校园文化潜移默化的熏陶作用，是加强大学生民族文化认同的最佳途径，因此可以通过发展校园多元文化来培养和提升大学生的多元文化认同素养④。再次是通过发挥课堂教学阵地的作用来增强大学生文化认同。周阳认为，需要高度重视高校思政课的实效性，提高教学水平，就大学生文化选择和文化认同过程中出现的问题及时发现、解惑，这样做有助于发挥学校课堂教学功能，提升大学生的文化认同水平⑤。除了校园和课堂之外，新

① 杨建义. 大学生文化认同与价值引领 [M]. 北京：社会科学文献出版社，2016.
② 李晶. 文化认同视域下社会主义核心价值观的培育研究 [J]. 学校党建与思想教育，2017（5）：60.
③ 张宗峰，焦娅敏. 社会主义核心价值观培育的文化认同机制探究 [J]. 思想理论教育，2017（1）：57.
④ 樊娟. 新生代大学生文化认同危机及其应对 [J]. 中国青年研究，2009（7）：36 – 42.
⑤ 周阳. 大学生多元文化认同的成因与对策研究 [J]. 传承，2008（7）：54 – 55.

兴媒体也是文化认同培育的重要场域。王栋梁、龙波宇在分析网络全球化时代大学生文化认同特点的基础上，指出"高校思想政治教育要充分利用网络优势，加快完善保障制度，加强队伍建设和内容把控力度，帮助大学生增进文化认同、坚定文化自信"①。

综上所述，国内学者目前对大学生文化认同的研究在内容上是比较广泛的，涉及方面较多，包括大学生文化认同危机的原因研究、文化认同在大学生思想形成中的作用研究、大学生文化认同的跨学科视角研究、针对少数民族等大学生群体的文化认同研究、大学生文化认同教育策略研究等多个方面，形成了很多理论价值和实践价值极高的研究成果。这些研究成果提供了丰富的研究资料，为研究奠定了基础。但国内的相关前期研究也存在一些不足，比如大学生文化认同还缺乏更为深入的研究；现有的研究多以理论研究为主，研究方法较为单一，实证研究比例相对不足，缺乏大范围的数据佐证。

二、国外研究状况

认同理论通常被认为最早见于美国精神分析学家埃里克森（Erik H. Erikson）的著作《同一性：青少年与危机》②。后来，"认同"这一概念也逐渐进入社会、历史、文化、政治、教育等领域。

（一）关于文化认同的研究

国外关于文化认同的研究，涉及学科主要集中于哲学、心理学、文化人类学、社会学等相关交叉学科，研究者分别从各自的学科专业领域

---

① 王栋梁，龙波宇. 网络时代大学生文化认同的特点及应对策略［J］. 学校党建与思想教育，2018（3）：63.

② 该书英文书名为 *Identity：Youth and Crisis*，其中的 identity 一词中文版本译为"同一性"，今通常译为"认同"。

出发，对文化认同进行了跨学科、多视角的研究。

1. 哲学视角

加拿大学者查尔斯·泰勒（Charles Taylor）在《自我的根源》一书中深度探讨了现代认同的复杂性与丰富性。泰勒指出，在认同与善、自我意识与社会道德规范之间存在着复杂的关系。他分析了与认同相关的重要方面，包括主体意识、自由与个性等，阐释了历史文化语境与社会语境变迁在现代性自我形成过程中的影响作用，揭示了社会道德观念在现代性之中的冲突性，以及这种冲突所反映的认同后面的内在张力①。对于正处在现代性发展进程中的中国来说，泰勒这种从哲学视角出发所做的研究，一方面可以指导我们如何合理对待和利用包括传统文化在内的社会文化，发挥文化价值观念在社会上的整合功能，形成有效的社会凝聚力；另一方面，这类研究可以启发我们充分运用文化的力量，化解个体在现代社会中的疏离感与孤独感，缓解人与人之间、人与社会之间的紧张关系。

2. 文化人类学视角

美国人类学家威廉·哈维兰（William A. Haviland）的文化人类学研究为文化认同研究提供了一个新颖的视角。在《文化人类学》一书中，哈维兰系统介绍了人类作为物种在文化上的起源，阐述了文化要素在人类生存压力下所发挥的功能和作用，这些文化要素主要包括语言、婚姻与家庭亲属制度、社会经济体制、个体生存模式、自我意识和认同等。哈维兰通过文化人类学的视角分析了社会政体、宗教、法律、艺术等不同文化形式在人类社会中的发展和变迁过程，在整体上主张社会多

---

① 查尔斯·泰勒. 自我的根源［M］. 韩震，译. 南京：译林出版社，2012.

元文化应当和谐相处①。

　　美国人类学家乔纳森·弗里德曼（Jonathan Friedman）在《文化认同与全球性过程》中讨论了作为过程的认同实践同历史图式（historical scheme）构成之间的关系，探讨了希腊认同形成的历史与社会语境，阐释了刚果认同中的自我策略，以及土著夏威夷人对夏威夷认同的建构，弗里德曼的文化人类学研究开辟了研究当代社会和文化变迁以及文化认同的新视角。弗里德曼认为，虽然西方文明的扩张加剧了全球化的进程，但是全球化并未能消解民族认同和文化认同中的问题，因为"文化认同对那些参与其中的人来说并不仅仅是游戏，而是精神上和社会生存上生死攸关的严肃的策略问题"②。

　　美国学者乔尔·科特金（Joel Kotkin）认为，传统的民族和地区受到来自经济全球化和外部强势文化浪潮的冲击时，一些族群仍然能够保持自身的凝聚力，正是因为其族群成员身上所共有的来自历史、信仰、习俗、种族和家族的族群认同。科特金认为，作为从前连接人类纽带的地域正日趋走向淡化，而其他一些纽带如宗教、族裔及其文化特性正在将人类连接在一起③。

　　英国社会人类学教授厄内斯特·盖尔纳（Ernest Gellner）认为，国家建构的基础是公民个体的文化认同与国家认同之间建立联系，提供国家内部约束力的是文化而不是社群④。美国学者本尼迪克特·安德森

① [美] 威廉·A. 哈维兰. 文化人类学（第10版）[M]. 瞿铁鹏，张钰，译. 上海：上海社会科学院出版社，2006.
② 乔纳森·弗里德曼. 文化认同与全球性过程 [M]. 郭建如，译. 北京：商务印书馆，2003：366.
③ 乔尔·科特金. 全球族：新全球经济中的种族、宗教与文化认同 [M]. 王旭，译. 北京：社会科学文献出版社，2010.
④ 厄内斯特·盖尔纳. 民族与民族主义 [M]. 韩红，译. 北京：中央编译出版社，2002：184.

（Benedict Anderson）则指出，认同建构于行动者的互动过程与情景中，而国家、政体、社群则由具有相同认同的人通过想象建构而来①。

布尔和基拉里（Cheryl Crazy Bull & Justin Guillory）研究了美国印第安人的部落学院（tribal college），分析了认同对美洲印第安人在文化、教育和经济发展中的重要作用。对于美洲印第安人来说，以保持文化传统和文化认同为创始理念的部落学院教育是保持其文化多样性的重要保障②。

3. 社会学视角

豪格（Michael A. Hogg）和阿布拉姆斯（Dominic Abrams）在《社会认同过程》（*Social Identifications*）一书中重点关注了社会群体之间的关系，以及社会群体的社会认同问题，认为意识形态、群体凝聚力、群体动力学、集体行动、社会表现、从众和语言、沟通等因素可以维持或影响群际之间的关系，在群体的社会认同过程中发挥着重要的作用。这种社会学视角的文化研究有助于我们了解文化认同在当今社会的作用机制及其表现形态。

曼纽尔·卡斯特（Manuel Castells）在《认同的力量》（*The Power of Identity*）一书中认为信息化和全球化的力量会深刻影响民族国家、种族、意识形态和性别，卡斯特分析了这些影响力量，重点阐释了在网络社会对群体认同的影响。卡斯特认为，很多社会运动和政治运动形成

---

① ANDERSON B. Imagined Communities: Reflections on the Origin and Spread of Nationalism [M]. New York: New Left Books, 1996.

② BULL C C, GUILLORY J. Revolution in Higher Education: Identity & Cultural Beliefs Inspire Tribal Colleges & Universities [J]. Dædalus, the Journal of the American Academy of Arts & Sciences, 2018, 147 (2): 95 – 105.

的原因就来自这种网络社会的影响①。这种观点一方面可以使我们重新
审视科技发展与社会变迁过程之间的冲突，另一方面也可以使我们全面
了解来自科技力量基础之上的集体认同的兴起，正确认识科技对文化认
同带来的挑战，从而有针对性地制定应对措施。

杰隆·蒂默曼（Jeroen Timmermans）研究了现代网络社会中的文化
认同问题，分析了社会网络场域（social network sites），以及个体在网
络终端的独处和与外界交流之间形成的悖论。在这种语境中存在着一种
张力，一方面是高度中介化的、全球化的生活环境，另一方面则是个人
与区域认同的建构、表现和经验，由此产生了一种个体性与集体性
（individuality vs collectivity）之间的矛盾②。

4. 心理学视角

心理学家亚伯拉罕·马斯洛（Abraham Maslow）在《动机与人格》
（*Motivation and Personality*）一书中逐一排列和分析了人的各种需要的
层次性和等级性，阐释了人性的复杂，提出了人类不断追求自我实现和
自我超越的精神——心理机制③。这种机制可以帮助我们思考社会个体
在内在精神和心理上的契合，在这种契合中实现文化认同，同时发挥文
化认同的重要功能，激发个体的创造潜能与活力，从而达到自我实现，
实践自我超越。埃里克森认为，心理问题难以规避，是人在社会化阶段
必定会遇到的现象，认同问题和认同危机也是如此④。梅凯·沃肯坦

---

① ［美］曼纽尔·卡斯特. 认同的力量［M］. 曹荣湘，译. 北京：社会科学文献出版
　社，2006.
② TIMMERMANS J. Playful Identities：The Ludification of Digital Media Cultures［M］.
　Amsterdam：Amsterdam University Press，2015：281－292.
③ ［美］亚伯拉罕·马斯洛. 动机与人格（第3版）［M］. 许金声，译. 北京：中国
　人民大学出版社，2012.
④ 埃里克森. 同一性：青少年与危机［M］. 孙名之，译. 北京：中央编译出版社，
　2015.

（Maykel Verkuyten）则从社会心理学角度考察了移民问题以及移民对多样性的影响，认为移民促进了文化多样性，但与此同时也带来了文化认同问题，以及一系列由于文化认同的冲突而造成的心理归属感、文化适应、社会团结等方面的问题①。

5. 国际政治学视角

美国政治学者塞缪尔·亨廷顿（Samuel Huntington）在《文明的冲突与世界秩序的重建》中，从国家战略意识形态的视角审视了文化认同问题。根据这一视角，文化是为政治服务的重要手段之一。亨廷顿认为，在回答"我是谁"和"我们是谁"这类问题时，不同民族的人们往往从对他们来说最有意义的事物中寻找答案，并经常通过某种独特的象征物来作为自己文化认同的标志。认同本民族的基本价值观念既是文化认同的核心，也是国家认同的重要基础②。文化在当今国际关系以及全球战略格局中均具有重要的战略意义。优乔穆（Philip Ogo Ujomu）和奥拉屯基（Felix O. Olatunji）认为，对于处于后殖民主义的许多非洲国家来说，文化认同是维护国家内部的社会安全，以及国家与国家之间的国际安全的重要手段③。

（二）关于青年文化认同的研究

1. 概念研究

埃里克森是国外最早系统研究青年认同问题的学者之一。他提出了"自我同一性"的概念，阐述了青年人是如何利用生物天赋、个人经

① VERKUYTEN M. Identity and Cultural Diversity: What Social Psychology Can Teach Us [M]. London and New York: Routledge, 2014.
② 塞缪尔·亨廷顿. 文明的冲突与世界秩序的重建 [M]. 周琪，译. 北京：新华出版社，2010.
③ UJOMU P O, OLATUNJI F O. Cultural Identity as Security and a Philosophy of Development for Africa [J]. Felsefelogos, 2016 (3): 207-222.

验、社会文化背景以及特定的历史事件发展出一种有效的自我同一性的。埃里克森认为，认同的建构是青春期青年的一个基本发展任务①。诸如"我是谁?""我应该怎样融入这个世界?""我要去哪里?"等问题是青年经常会出现的疑问。学界也普遍认为，青年认同的发展是一个终生的过程，其中涵盖了对过去、现在和未来方向的理解和整合②。埃里克森认为青年在认同形成的过程中通常会遇到身份危机。这场危机是年轻人在确定自己的信仰和价值观之前，在探索自己的灵魂和尝试各种选择时所经历的一段痛苦的时期。认同既是探求这些问题答案的过程，也是探索这些问题的结果。根据埃里克森的研究，青年认同的结果可能是积极的，也可能是消极的。前者体现为青年个人身份的形成，后者则表现为对成人角色的困惑。埃里克森认为，如果不能恰当地解决这一阶段的问题，可能会导致青年角色混淆甚至出现认同危机，从而造成生活满意度和幸福感下降，以及情感和行为方面的不良后果③。结果究竟是积极抑或消极，取决于之前生活阶段的四类情感态度，包括信任与不信任、自主与羞耻和怀疑、主动与内疚、勤奋与自卑。那些成功地解决了以往生活中的挑战（例如对世界、自我和其他人建立了信任）的人将更容易发展他们的认同。

2. 认同模式研究

认同作为一个多层面的结构体，对其做出清晰完整的界定并非易

---

① ERIKSON F. H. Identity: Youth and Crisis [M]. New York: Norton, 1968.
② MOSHMAN D. Adolescent Psychological Development (2nd Ed.) [M]. Mahwah, N. J.: Lawrence Erlbaum Associates, 2005.
③ MEEUS W. Studies on Identity Development in Adolescence: An Overview of Research and Some New Data [J]. Journal of Youth and Adolescence, 1996 (25): 569 – 598.

事，从而使学者对认同的研究主要放在了对其发展进程的探讨上①。在这方面，詹姆斯·马西亚（James Marcia）对埃里克森的描述性研究方法进行了卓有建树的扩展和实践。他在埃里克森的基础上认为可以从结构、现象和行为三个方面来考察认同，意在使认同研究超越内在心理结构和现象学的领域限制，寻求可观察的行为，并把实证研究的方法引入认同研究的领域。马西亚把探索（exploration）和承诺（commitment）作为变量对自我同一性进行了操作定义②。认同是青年进行各种可能的探索，进而产生个体的独特性及在社会角色、经验方面的跨时间一致感和对未来的投入③。马西亚（1966）阐述了一种不同的认同状态模型（Identity Status Model），提出了四种不同的认同状态：获得、暂停、传播和排斥，而不是简单的两极分化的身份与角色混淆。当一个人在积极探索，但没有价值观的引领时，就会出现暂停。传播的特点是缺乏探索和承诺。排斥是指个人对自己的信仰有强烈的承诺，但没有积极探索其他选择。该模型预设了一个前提，认为认同的形成涉及探索和承诺的相互依赖过程。基于这个前提，探索被认为是一个积极的过程，试验不同的角色和生活选择，而承诺则被诠释为角色解决的程度和个人生活选择投入的水平④。马西亚的认同模式已经成为青年身份发展的主导模式⑤。

---

① GROTEVANT H D. Toward a Process Model of Identity Formation [J]. Journal of Adolescent Research, 1987 (2): 203 – 222.

② MARCIA J E. Some Directions for the Investigation of Ego Development in Early Adolescence [J]. Journal of Early Adolescence, 1983 (3): 215 – 223.

③ MARCIA J E. Development and Validation of Ego Identity Status [J]. Journal of Personality and Social Psychology, 1966 (3): 551 – 558.

④ MARCIA J E. Development and Validation of Ego Identity Status [J]. Journal of Personality and Social Psychology, 1966 (3): 551 – 558.

⑤ BOSMA H A, KUNNEN E S. Determinants and Mechanisms in Ego Identity Development: A Review and Synthesis [J]. Developmental Review, 2001 (21): 39 – 66.

约瑟夫·艾穆布瑞克（Joseph J. Imbriaco）研究了当代青年成长过程中的道德认同发展过程，阐述了自我道德形象的确立对于道德认同发展的重要意义，这种自我形象的确立可以通过伦理身份模式的引导和伦理活动的参与来得到提高①。

3. 影响因素研究

在对青年（包括大学生）的文化认同研究中，对角色实验和承诺的探索成为当代几乎所有认同发展模式的基础②。一系列的情境变量或生态变量成为这些过程的中介，在青年文化认同中起着重要作用。这些变量主要包括成人、同龄人、群体或人群、依恋模式、教育机构、媒体、生活环境等，它们为认同的探索和反馈提供机会，并验证认同的地位状态与承诺③。不同的因素会影响一个人的认同形成发展，学者的研究视角和侧重点也不尽相同。有的学者认为青年的同龄人群体在青年的认同形成过程中扮演着核心角色④，有的学者认为青年的年龄和子女—父母关系的质量会在青年认同形成中起着重要的调节作用⑤，有的学者则认为个人环境提供的支持和机会对身份形成有很大影响⑥。奥基旺

① IMBRIACO J J. A Review of Research Supporting the Development of Moral Identity in Youth [J]. Journal for Leadership and Instruction, 2017, 16 (2): 15 - 17.

② MOSHMAN D. Adolescent Psychological Development (2nd Ed.) [M]. Mahwah, N. J.: Lawrence Erlbaum Associates, 2005.

③ NELSON L J. Rites of Passage in Emerging Adulthood: Perspectives of Young Mormons [J]. New Directions for Child and Adolescent Development, 2003 (100): 33 - 49.

④ TARRANT M. Adolescent Peer Groups and Social Identity [J]. Social Development, 2002 (11): 110 - 123.

⑤ MEEUS W, IEDEMA J, MAASEN G, ENGELS R. Separation - individuation Revisted: On the Interplay of Parent - adolescent Relations, Identity and Emotional Adjustment in Adolescence [J]. Journal of Adolescence, 2005 (28): 89 - 106.

⑥ LUYCKX K, GOOSSENS L, SOENENS B, BEYERS W. Unpacking Commitment and Exploration: Preliminary Validation of an Integrative Model of Late Adolescent Identity Formation [J]. Journal of Adolescence, 2006 (29): 361 - 378.

（Benson Oduor Ojwang）的研究则表明，共同的语言对文化认同的形成和发展有重要的意义，因为共同的语言可以超越社会、经济、宗教、族群、政治和性别的障碍，因而可以解码年轻人遇到的很多实际挑战，为区域问题提供解决方案，从而吸引众多的年轻人形成一种文化的共同体①。在后面的研究中，将在分析大学生文化认同现状的基础上，从内在因素和外界环境两个方面来考察影响大学生文化认同的主要因素。

总体来看，由于各国之间国情不同，文化体制差异也较大，国内外学者在文化认同研究中的关注度和关注点上都有较大的差异。总的来说，国外学术界在文化认同领域的研究中更多地从社会问题出发，以问题为导向进行跨领域、跨学科的研究。在研究方法上大量采用实证研究等多种研究方法，从个人、族群、国家政治和国际政治等层面深入探讨文化认同。

三、研究现状评述

通过对国内外相关文献的归纳梳理，发现关于文化认同的研究内容比较广泛，这些研究成果为本书提供了丰富的研究基础，但是目前针对大学生文化认同的学术研究成果相对较少，整体研究有些滞后，落后于文化认同研究的其他方面。目前存在的不足，主要有以下两个方面：

第一，大学生文化认同研究尚未形成系统的体系。大学生文化认同研究总体上缺乏系统性，缺乏一定的深度，造成相应成果在研究的广度和深度等方面都比较欠缺。论文数量虽然较多但是大都不成体系。首先，需要进一步对一些概念和内容做出清晰的界定，例如大学生文化认

---

① OJWANG B O. Language, Creativity and Radio: Encoding Urban Youth Identity in Kenya [J]. The Journal of Pan African Studies, 2015, 7 (8): 122–140.

同的内涵、大学生文化认同的主要内容等。其次，需要系统地总结大学生文化认同的现状及影响因素。最后，目前的研究需要进行更为细致的分析。已有研究和分析基本上都是以原则性、战略性的宏观概括与解释为主，缺乏实证研究和对策研究。

第二，研究手段有待进一步多样化、科学化。目前已有的研究多属于判断性研究，实证研究的比重需要提高。例如，在大学生文化认同危机的研究上，已有研究虽然大都指出了当前我国社会所出现的文化认同危机，但基本上都是一种经验式判断，缺乏实证方面的支持，定量研究不足。在大学生文化认同的现状研究与教育策略研究等方面也是如此，很多研究是从实际工作出发，就事论事，具有简单的工作经验总结性质。虽然也有一些研究采用了问卷调查法等实证研究方法，但设计问卷时往往考虑不太全面，问卷维度不尽合理，样本的选择客观代表性不高，随意性较大。采集的数据多为定类数据和定序数据，缺乏定距数据，在数据分析手段上比较简单，缺乏科学的分析。

第三节　本书的研究基本思路与方法

一、研究的基本思路

本书包括三部分，按照"是什么""怎么样""为什么""怎么办"等总的研究思路来行文。

第一部分是导论，是提出问题的部分，主要包括：问题的提出；大学生文化认同研究的理论意义和现实意义；当前国内外学术界对大学生文化认同的研究现状；本书所采用的研究思路、研究的框架和研究的基本方法。

第二部分包括第一章至第五章，是分析问题的部分。第一章至第三章回答"是什么"的问题，第一章阐述大学生文化认同的概念，在参照前人研究成果的基础上，对大学生文化认同相关概念做出界定，包括文化、认同、文化认同、大学生文化认同等核心概念。第二章分析大学生文化认同的机制，大学生文化认同心理结构包括认知、情感、行为三个方面，根据形成与运行过程，可以分为内在机制和外在机制。第三章分析新时代大学生文化认同的内容体系，包括中华优秀传统文化、革命文化以及社会主义先进文化。这是本书的基础性工作，使研究有据可依。第四章和第五章回答"怎么样"和"为什么"的问题，通过问卷调查和质性访谈，分析新时代大学生文化认同总体情况，分析新时代大学生文化认同存在的问题和原因，从而在此基础上有针对性地提出新时代大学生文化认同培育的策略。

第三部分包括第六章和结语，是解决问题的部分，回答"怎么办"的问题，第六章提出新时代大学生文化认同培育的策略，在理论分析、实证研究以及比较研究的基础上，从原则、关键内容、渠道等方面，探索新时代大学生文化认同培育的策略。结语部分总结了大学生文化认同研究，展望了我国大学生文化认同研究的未来前景。

二、研究的基本方法

1. 文献研究法

运用文献研究法，有助于对各个学科领域中有价值的相关成果进行分类、整理和归纳。通过查阅重要的历史文献、相关论著、研究论文，深入领会党中央、教育部的文件精神，并从中总结出基本的理论成果、厘清基本的研究线索，对大学生文化认同的内涵、机制、内容体系等方面进行综合提炼，从而为推进大学生文化认同的研究提供坚实基础。

2. 问卷调查法

采用问卷调查法对大学生文化认同状况及影响因素进行调查，应用自编的《大学生文化认同调查问卷》，从大学生对中华优秀传统文化、革命文化、社会主义先进文化的认知、情感、行为三个维度，对国内2082 名在校大学生进行了调查研究，参与问卷调查的大学生所在的高校地区覆盖全国 24 个省（直辖市、自治区）。运用 SPSS 社会学统计软件对调查材料进行原始数据的规整、录入后，运用单变量描述性分析、多变量交叉分析等统计分析法对录入的数据进行分析、解释，得出相关结论。

3. 质性访谈法

本书采用了质性访谈法，选择合适的大学生受访对象，根据事先拟好的访谈提纲，完整地记录、整理并分析访谈过程。质性访谈法可以使我们更准确、直观地了解大学生文化认同的真实状况，准确把握现实状况和存在的问题。

4. 比较分析法

为了数据的真实性和直观性，采用了社会科学研究中经常采用的比较分析法。对大学生文化认同的现状进行分析，需要从历时性和共时性两种角度比较。还将对被调查者的不同民族、性别、年级、政治面貌、居住地等方面做比较研究，分析这些因素所构成的主体性差异对大学生文化认同的影响，更准确地把握大学生文化认同的现状，增强研究的信度和效度。

第一章

新时代大学生文化认同概论

大学生文化认同具有重要的意义。对于大学生来说，它可以使大学生掌握正确的价值观，为自身行为的正确性指明正确的方向；对于国家来说，大学生是国家的未来，大学生文化认同是文化战略的重要内容之一。梳理大学生文化认同的概念内涵，是开展大学生文化认同研究的基础工作。在此基础上，进一步阐述大学生文化认同的基本要素及意义，这将为下一步研究打下理论基础。

第一节　大学生文化认同的相关概念

大学生文化认同是从认同理论延伸出来的概念，大学生文化认同研究涉及多个概念，在研究大学生文化认同问题时，需要厘清这些相关概念，其中有些概念在学术界尚未形成共识，本章将重点分析与本书密切相关的概念内涵，并界定研究范围。

一、文化与认同

文化与认同之间存在密切关系，文化对认同的建构与重构起着重要作用，认同是人们意义与经验的来源，文化特质在诸多意义的来源中占有优先位置。

（一）文化

在词源说中，"文化"一词的词形是由《易传》"观乎人文，以化成天下"中的"文"和"化"合成而来。"文"的古字通"纹"，许慎在《说文解字》中认为"文，错画也，象交叉"。"化"一字则通"匕"，《说文解字》的解释是："匕，变也。""化"的意思是变化，是一种宇宙之道，正如《周礼·大宗伯》中所说的那样，"以礼乐合天地之化"，这种变化最终演绎为教化。因此，可以说中国最早的文化概念是"文治、教化"的意思。

在中国，合在一起的"文化"一词最早出现于《说苑·指武篇》："凡武之兴，为不服也；文化不改，然后诛之。""文化"一词从古代开始就被赋予浓厚的人文意蕴，因为汉民族传统的文化观向来强调以人为本，以道德伦理为纲。发展到近现代，这种人文意识一脉相传下来。梁漱溟认为，人类的生活可以分为精神生活、物质生活和社会生活三个层面，而文化正是民族生活的种种方面①。教育学家蔡元培认为文化是人生发展的状况，涉及生活与社会的各个方面，例如医疗卫生、衣食住行、道德、教育、科学、政治、经济等②。余秋雨在《何谓文化》一书中指出，文化是"一种包括精神价值和生活方式的生态共同体。它是通过积累和引导，创建集体人格"③。

在西方文明发源地的欧洲，"文化"一词的英文和法文都是 culture，德文是 kultur，两个单词均源于拉丁文 cultura，cultura 的原意是指在土地上的耕种，引申意为"培养、教育、发展"等。因此在词源学

① 梁漱溟. 东西方文化及其哲学［M］. 北京：中华书局，2018：11.
② 聂振斌选编. 中国现代美学名家文丛·蔡元培卷［M］. 杭州：浙江大学出版社，2009：64.
③ 余秋雨. 何谓文化［M］. 武汉：长江文艺出版社，2012：6.

上文化具有双重的含义：一是外在自然的人化，表现为人在土地上的耕种；二是内在自然的人化，表现为对理想公民素质的教育和培养。1871年，英国学者爱德华·泰勒（Edward Tyler）在《原始文化》（*Primitive Culture*）一书中，第一次界定和解释了"文化"一词，认为"文化是包括全部的知识、信仰、艺术、道德、法律、风俗以及作为社会成员的人所掌握和接受的任何其他的才能和习惯的复合体"①。从这个定义中我们可以看到文化概念的复杂性，文化包括如下三个层面：首先是人类所有的物质产品（工具、武器、房屋、工作、仪式、艺术品等），其次是社会的各种精神产品（符号、思想、信仰、价值等各种系统），文化的第三个层面是一个民族在特定生活条件下以及世代相传的不断发展的各种活动中所产生的特殊行为方式（制度、集团、仪式和社会组织方式等)②。在马克思和恩格斯的历史唯物主义论述中，文化与人的实践本质、自由自觉的活动特性紧密相关，文化是"自然的人化""人化的自然"和对象化活动中介的有机统一体，文化通过人的生存方式表现出来，文化是人的本质规定性。

　　实际上，"文化"一词也有广义和狭义之分。《辞海》（2010版）中从广义和狭义两个方面对文化做出了解释，"广义指人类在社会实践过程中所获得的物质、精神的生产能力和创造的物质、精神财富的总和。狭义指精神生产能力和精神产品，包括一切社会意识形式：自然科学、技术科学、社会意识形态。有时又专指教育、科学、文学、艺术、

---

① ［英］爱德华·泰勒. 原始文化［M］. 连树声，译. 桂林：广西师范大学出版社，2005：1.

② BULLOCK A, STANLLYBRASS O. The Fontana Dictionary of Modern Thought［M］. London：Fontana, 1982：150.

卫生、体育等方面的知识与设施"①。综合以上关于文化的不同界定方式，大学生文化认同研究涉及的文化概念主要指的是广义上的文化概念。

（二）认同

1. 认同的概念

"认同"一词来源于西方，英文中的"认同"（identity）意为"身份""认定""同一性"等。16世纪，认同（identity）一词开始运用于哲学领域的同一律（law of identity）术语中，意为在同一思维过程中，必须在同一意义上使用概念和判断，这是形式逻辑的基本规律之一。在本体论层面上，"认同"探讨的核心问题是"我是谁"。这种哲学上的认同来源于自我确认，这种视角和框架给其自身赋予了深刻的价值内涵。哲学上认同问题的提出，也来源于个体对自身生存状态及生命意义的深层次思考，是一种对于自身存在价值和意义的探索与确认。

除了应用于哲学领域，认同也广泛应用于心理学。认同概念在弗洛伊德（Sigmund Freud）的心理学研究中占有重要的地位。弗洛伊德认为，"认同是一个过程，这个过程是和父母的关系被转移入个体的超我中。认同是把一个自我同化为另外一个自我，其结果是第一个自我变得像第二个自我"②。认同在《社会心理学词典》中的定义是，"一种情感、态度乃至认识的移入过程。在人际交往当中，无论是别人被自己同化，还是自己被别人同化的过程，都称为认同。……认同的结果可以使认识统一、情感融洽、行动一致"③。心理学所关注的认同，其特点是

---

① 夏征农，陈至立. 辞海［M］. 上海：上海辞书出版社，2010：1975.
② 李孟潮，王高华. 对弗洛伊德著作中认同的概念研究［J］. 上海精神医学，2005（2）：124.
③ 费穗宇. 社会心理学词典［M］. 石家庄：河北人民出版社，1988：45.

实现心理的完整和统一，强调认同可以使认知、情感、行为上统一。

在社会学研究领域，认同既可以指一种个人的身份状态，也可以指这种身份的建构过程。无论是米德（George Herbert Mead）的自我（self）理论，还是埃里克森的自我认同与心理社会性发展理论，都阐明了一个问题，渴望了解自己、明确自己的身份，这是人的天性，无论是出于本能还是出于外界环境的需要。社会学家涂尔干（Émile Durkheim）认为，认同是一种"集体良心"（collective conscience），具有将群体中的个体凝聚在一起的组织力和向心力。只有当拥有了"认同"这种共同的情感和信念时，社会角色与身份才得以稳定，社会秩序才得以维持。通过认同过程，个人或群体既可以根据互动对象来确定自我与他者的关系，也可以根据自身特性来对自身和外界采取相应的态度或行为。美国南加州大学的曼纽尔·卡斯特教授认为认同是人们意义和经验的来源，只有当社会行动者将之内化，并且在这一内化过程中来建构他们的意义时，才会产生认同①。武汉大学李白鹤在《文化认同与马克思主义中国化》一文中也指出，认同表现为两种确认，一是群体成员对某种共同的东西的确认，二是个体主体将自己归属于某个共同体时对自身身份的确认②。杨建义认为认同"是一种文化与价值的归属，是人在一定社会关系网络中的社会角色与社会身份的确定"③。

此外，认同也经常用于政治学之中，成为一种分析民族认同、文化认同和国家认同的日常分析工具。例如，美国政治学者亨廷顿在《文明的冲突与世界秩序的重建》一书中认为，文化认同对于大多数人具

① 曼纽尔·卡斯特. 认同的力量［M］. 夏铸九，译. 北京：社会科学文献出版社，2003：2-3.
② 李白鹤. 文化认同与马克思主义中国化［J］. 江汉论坛，2008（11）：101.
③ 杨建义. 大学生文化认同与价值引领［M］. 北京：社会科学文献出版社，2016：2.

有重要的意义，文化和文化认同（以及更广层含义上的文明认同）构成了冷战结束后世界上的各种联合、分裂和冲突的模式。根据亨廷顿的观点，在冷战之后的世界，最重要的区别是文化的区别，而不是意识形态的、政治的或经济的区别①。

在本书中所使用的认同概念意指认同是个体对自我身份的确认，也是群体成员对群体某种共同属性的确认。认同不仅是一种内化过程，是一种自我能动作用的实现，同时也会受到社会结构中特定价值观念的约束。

2. 认同的特点

（1）认同的实践性

马克思、恩格斯关于人的本质的规定性与实践的观点等思想，对于我们正确理解认同具有重要的指导意义。马克思、恩格斯认为，"人的本质不是单个人所固有的抽象物，在其现实性上，它是一切社会关系的总和"②，人的生命在本质上属于"自由的有意识的活动"③，马克思、恩格斯认为"通过实践创造对象世界，改造无机界，人证明自己是有意识的类存在物"④，实践是人类认识、理解和把握世界的独特方式，认同建构于主体不断的实践活动中。在与外部世界的交往中，人逐步建立起与外部世界的各种关系，在各种关系组成的共同体中，个人与群体之间经过不断的互动与交往，最终因某种共同属性而产生认同。总之，认同的产生依靠的是人的社会实践与交往，必须通过主体进入社会行动

---

① 塞缪尔·亨廷顿. 文明的冲突与世界秩序的重建［M］. 周琪，译. 北京：新华出版社，2010.
② 马克思恩格斯选集（第一卷）［M］. 北京：人民出版社，2012：135.
③ 马克思恩格斯文集（第一卷）［M］. 北京：人民出版社，2009：162.
④ 马克思恩格斯文集（第一卷）［M］. 北京：人民出版社，2009：162.

领域才能实现。

(2) 认同的互动性

认同是人与人之间以及人与社会之间的一种互动关系。人的身份和角色不能孤立地存在，只有在一定的社会关系中才具有存在的意义。一方面，认同作为一种双向过程，包括自我和他者两个互为前提、相互依存的方面。在心理学中，人要认识自我，首先要接触他者，认同的发生依靠的是自我与他者的互动关系，包括互相参照、互相确认和互相定位。正如黑格尔所说的，自我意识唯有通过他的对方才能成为他自己，自我意识只有在一个别的自我意识里才能获得他的满足①。认同永远是一个双向互动的过程，不存在单向的认同，无论是在人与人之间、人与群体之间还是人与社会之间。换句话说，个体既需要个人的认同，也需要社会的认同。另一方面，在认同中，我们可以看到"同一"与"差别"之间的关系。认同是一个复杂的、辩证的过程，是异中求同，同中有异，而不是单纯的同一、包含或者差异。

(3) 认同的动态发展性

认同是一个长期的相对稳定的过程，同时也是认同的主体对某种价值观或身份、角色的重新定位、调整的动态的过程。同时，作为一种社会化的过程，认同会因为参照系的多重性和人在社会中的地位、位置、角色的改变而发生相应的变化。在认同中，无论是身份、角色还是关系等都不是一成不变的，而是动态的、复合的、可塑的。正如斯图亚特·霍尔（Stuart Hall）所指出的，文化身份本身就是一个不断变化的过程，在新的认同过程中，自身的身份是动态的，是一种不断地生产和更新的

---

① 黑格尔. 精神现象学 [M]. 先刚，译. 北京：人民出版社，2013：116-117.

过程①。

二、文化认同

文化认同是认同的核心形式与基础内容，认同的众多形式例如国家认同和民族认同都与文化认同有着密不可分的联系。认同中所包含的身份的合法性、身份的建构过程、文化价值观的形成等内容只能存在于特定的文化中。英国文化理论家雷蒙·威廉斯（Raymond Williams）提出，文化具有信息传播功能，人们的社会地位和认同取决于所在社会的文化②。认同的发生离不开各种文化符号和文化材料，认同的所有方面都是通过语言、服饰风格、特有的行为方式特征表现出来的。所以文化认同是认同的深层内核。

（一）文化认同的概念

目前国内对文化认同的概念在理解上比较一致，解释上也比较统一，普遍认为文化认同是指个体或群体确认其所处群体的共同文化，将这种共同文化内化为自己的坚定信念，并形成一定的行为模式。费孝通对文化认同概念的分析和阐释非常具有影响力，他认为文化认同是本民族成员对其所属的民族文化的一种归属感或者归属性意识，这种归属感获得的基础是对本民族文化的认可、接受和赞同。同样，文化自觉的形成也离不开这种对本民族群体的归属感和对本民族文化的认同过程，文化可以说只有"依靠被吸收在群体中的人们所共同接受才能在群体中

---

① 斯图亚特·霍尔，保罗·杜盖伊. 文化身份问题研究［M］. 庞璃，译. 开封：河南大学出版社，2010.

② SHELLEY M. Aspects of European Cultural Diversity［M］. London：Routledge，1995：194.

维持下去"①。郑晓云认为，"文化认同是人类对于文化的倾向性共识与认可"②。他认为文化认同是文化的核心，支配着人的文化行为，并在很大程度上影响着人的行为和文化的创造。甚至可以说，文化认同在很大程度上决定着文化的发展。崔新建认为，"文化认同是对人们之间或者个人与群体之间共同文化的确认。使用相同的文化符号，遵循共同的文化理念，秉承共有的思维模式和行为规范成为文化认同的根据"③。姜华认为："文化认同的核心就是对自我的身份以及自我身份的合法性、正当性，对自己生活世界的必然性，对特定的文化理念、思维模式和行为准则等的价值认同和价值观认同。"④ 王玉丰指出"特定个体或群体将某一文化系统（价值观念、生活方式）内在于自身心理和人格结构中并自觉以此系统的标准来评价事物、规范行为的过程"⑤。沈壮海指出："文化认同是指人们对所生活于其中的文化共同体的肯定性体认。""文化认同是一个动态的过程，就自文化与他文化的关系而言，文化认同是在不同文化的冲突和碰撞中寻找自文化立足点、探求自文化存在意义的过程，就自文化本身而言，文化认同既是文化的体认和赞同过程，又是文化的反思与批判、提升与创新过程。"⑥

美国政治学者塞缪尔·亨廷顿认为，文化认同对于大多数人来说意

---

① 费孝通. 中国文化的重建［M］. 上海：华东师范大学出版社，2014：207.
② 郑晓云. 文化认同论［M］. 北京：中国社会科学出版社，1992：4.
③ 崔新建. 文化认同及其根源［J］. 北京师范大学学报（社会科学版），2004（4）：103.
④ 姜华. 全球语境下文化自觉与文化认同的哲学思考——韦伯关于德国文化问题研究的启示［J］. 求是学刊，2012（2）：32.
⑤ 王玉丰. 试探大学生文化认同现状与成因［J］. 学校党建与思想教育，2006（7）：63－64.
⑥ 沈壮海，王绍霞. 全球化背景下青年学生的文化认同［J］. 思想理论教育，2014（3）：15.

义重大。亨廷顿在《文明的冲突与世界秩序的重建》中指出，对于不同民族的人来说，要回答"我们是谁"这个问题，最常用也是最有效的方法就是通过祖先、宗教、历史、语言、习俗、价值和体制来界定自身，并利用诸如旗帜、新月形符号、十字架、头盖骨等各种文化符号和象征物来标识自身归属、表示自己的文化认同①。这些共同的文化符号、言行规范、文化理念和文化理想构成了文化认同的基础与前提。查尔斯·泰勒从内在性（inwardness）和自我观念的兴起、对日常生活的肯定（the affirmation of ordinary life）、作为内在道德根源的表现主义本性（expressivism）三个方面界定了现代认同，认为认同具有向善的定位（orientation to the good）、自我与他者或共同体的关系、自我的方向性等三个特征或前提，并从认同与善的关系、认同的深度、现代性的文化、现代性的冲突等方面分析了认同的形成过程②。弗里德曼则认为"从文化的观点看，文明认同可能被概念化为行为、举止、规则和观念的整套节目或结构，它们界定了同边陲相对立的中心的特征，是时间性和/或空间性的，并展示了更'原初'的特征"③。

　　总的来说，虽然不同学者由于研究领域和研究兴趣的不同而对文化认同做出了不同的概念解释，文化认同内涵的具体化表述和强调的重心不同，但本质上并没有多少差异，整体上对文化认同概念的解释已经趋向统一。通过整合不同学者对文化认同的概念阐述，文化认同是个体或群体对自身所处的某种共同文化的肯定性体认，并将这种共同文化转化

---

① 塞缪尔·亨廷顿. 文明的冲突与世界秩序的重建［M］. 周琪，译. 北京：新华出版社，2010.

② 查尔斯·泰勒. 自我的根源［M］. 韩震，译. 南京：译林出版社，2012.

③ 乔纳森·弗里德曼. 文化认同与全球性过程［M］. 郭建如，译. 北京：商务印书馆，2003：121.

为内在信念，形成特定的行为模式的过程。

（二）文化认同的特点

文化认同既可以指一种认同的状态，也可以指一种动态的过程，体现出自我与他者之间的关系，其内部成分之间既存在冲突，又具有融合的趋势，文化认同可以从个人层面和社会层面来理解。

1. 文化认同是动态过程和结果的统一

文化认同中的"认同"一词有两种含义，它既可以指认同的动态的形成过程，也可以指认同的静态的结果、现状或状态。文化交往过程，是不同文化之间互相交流与对话的过程。正如阿帕杜莱（Arjun Appadurai）所指出的，"这个世界的起点与终点都是文化流动，所以寻求确定的参照点可能是非常困难的。正是在这样的氛围中，人为地发明传统、民族性、亲缘关系和其他认同标志，恐怕只能是水中捞月，因为跨国交往的流动性总是会挫败寻求确定性的努力"①。萨义德（Edward W. Said）指出，每个时代和社会都会重新创建其"他者"，这是一个复杂的过程，在这个过程中个人和机构参与其中的竞争②。

文化认同是一个交互与共享的过程，通过不断重复地、连续性地激活个人之间以及个人和群体之间的关系而构建和协商。文化认同作为一个过程，涉及有关目的、手段和行动领域的认知定义。文化行为的这些不同要素是在一种社会或群体所共享的语言中定义的，这些行为通过特定的仪式、实践、文化产品表现出来；虽然这些行为的呈现方式不同，但某种程度上总是在目的与方式、投入与回报之间进行衡量。这种认知水平并不一定意味着统一和连贯的框架，而是通过互动构建而成，包含

---

① 阿尔君·阿帕杜莱. 消散的现代性［M］. 刘冉，译. 上海：上海三联书店，2012.
② 爱德华·W. 萨义德. 东方学［M］. 王宇根，译. 北京：三联书店，1999：426 – 427.

不同的、有时是相互矛盾的定义。

所以说，文化认同并不是一个静态的、封闭的过程，而是一个动态的、开放的过程，作为一个过程的文化认同构成了文化参与者之间的一个活跃的关系网络，在互联网使人类的联系日益密切、地球村和全球化的时代日益明显的今天，文化认同的动态性和开放性越来越凸显出来。我们建构自己的文化认同，必须在具体的历史情境和生活环境中来进行，这种建构过程同样也是处于不断的发展变化之中。文化认同也是如此，它也是一个动态的、开放的过程，随着情境或环境的变化而处于不断的建构之中。因此，在分析文化认同问题时，不能对它进行任何形式的本质化概括，包括二元对立等机械的模式，而应以一种灵活、开放、动态的眼光来认识文化认同问题。

其次，文化认同也是一种认知与行为的结果，是个人选择的结果和状态，具体表现为文化成员对自我身份的判断，对文化理念和社会道德规范、社会价值观念的认知、接受与践行，对周围外部世界的思维模式等。对文化认同的研究，既可以聚焦于这种结果和状态层面，观察文化参与者的文化认同状况，总结文化认同中的特点、规律以及所存在的问题，分析产生这些问题的社会深层原因，包括历史、政治、宗教、教育乃至语言、风俗习惯等因素，同时也可以透过这些文化认同的外在表现，探讨文化认同的形成过程，包括文化认同形成的内部与外部机制，认同形成过程中的动态发展趋势与规律等，从而更好地把握文化认同的性质与内涵。

2. 文化认同中"自我"与"他者"关系的预设

文化认同是自我与所属群体之间的一种内在联系的加强，目的是为了找寻文化的根基，正是这种关于身份角色的共同经验，人的存在才有存在意义和归属感，因此有必要首先理解自我和他者的关系。米歇尔·

福柯（Michel Foucault）指出："他人、他者在修身实践中是必不可少的，以使这一实践界定的方式达到它的对象，并被它的对象所充实，而它的对象就是自身。因为修身实践要达到作为目的这个自身，所以他者就是不可或缺的"。① 福柯通过对现代性的批判和反思，揭示了理性的各种他者的命运，认为他人的他性（otherness）和文化的他性，都会突破趋同化的倾向，而最终向多样化和异质性开放，文化认同就出现并存在于这种"自我与他者"的关系格局中。"他者"与主体既有联系又有区别，其概念和意义存在于对"自我"的认识之中。为了更好地确定和认识自我，人们往往通过选择和确立一个作为参照系的"他者"，从而用一种"非我的"视角来重新审视自己，在了解自己和突破自我的局限中，寻求自身的新的认识和发展。人们在描述自身的集体时，其表述总是建立在与他者集体的差异性上，因此，集体的认同在人类交往的过程中非常容易出现排他性，文化认同作为集体认同的一种表现形式也不例外。各个地区、民族、国家的人对其他地区、民族、国家常常会形成陈规刻板的偏见，例如法国人的浪漫、中国人的中庸、犹太人的精明等。通过这种他者与自身文化特征的对比，人无形之中给自身赋予了一种具有相对优势的价值定位。在《东方学》中萨义德关于东方与西方概念的解释很好地诠释了这一点。

关于自我与他者的互动关系，国内学者也做过相关的研究。贺彦凤、赵继伦认为，"文化认同是人类文化具有的某种特征，一种文化在与异质或异族文化的碰撞、交融的过程中，总是伴随着文化认同这一现

---

① 米歇尔·福柯. 主体解释学［M］. 佘碧平，译. 上海：上海人民出版社，2005：138.

象，也就是对异质文化中有效成分的吸收"①。杨建义认为，"文化认同可以表述为人类对于文化的倾向性共识与认可，目的是为了在文化上取得归属感。它体认与模仿的对象是自己群体或者他人的文化，这种体认与模仿是人类对于自我文化或他者文化的一种升华，并以此形成支配自身行为和思想的价值取向及行为准则"②。

由于当今社会多元文化的并存、冲突与碰撞，导致文化认同问题的出现。如果换作主流价值观占绝对统治地位的传统时期，则不会凸显出文化认同的问题，也没有研究文化认同问题的意义。同时，由于个体生活在复杂的多元文化社会环境中，对某种文化的认同必然会以共存的同质文化、异质文化或他者文化作为参照系，在各种文化的比较、鉴别、衡量、反思、内化中逐步形成对自我或自我所属集体特征的认同。这种认同过程由于是建立在重新解释和重新评价基础之上，因而能赋予自身文化新颖的内容与新的理解方式、思维方式，体现出一定的创新性。

3. 文化认同中的融合性和冲突性

由于文化认同的基本构成要素，如语言、艺术、价值观等在历史的发展变化中早已具有融合性和全球化的特征，呈现出多元文化冲突与融合的局面，现在已经很难找到纯粹的、单一的、绝对的对自身文化或自身所属集体文化的认同。首先，文化认同具有文化融合性。在多元文化的时代中，不同特点的外部文化和内部文化共生在一起，通过相互的交流、沟通和借鉴，最终趋于一体，走向融合。某种异质文化要想和原生文化融合在一起，需要尽可能地适应新的社会环境。在这种适应过程中，外来文化会受到新的环境中各种综合因素的影响，包括经济因素、

---

① 贺彦凤，赵继伦. 全球化时代中国文化认同的建构 [J]. 马克思主义与现实，2007 (1)：202.

② 杨建义. 大学生文化认同与价值引领 [M]. 北京：社会科学文献出版社，2016：2.

政治因素、宗教因素、价值观因素等。在当今社会，不同的文化和文明之间融合的趋势非常明显，随着文化的快速传播和文化交流的深入进行，包括政治体制、经济模式、思想道德标准、生产生活方式等方面都在融合之中。这种文化融合最终能促进文化的更新发展，使一个社会的文化生命力能够持久。

其次，文化认同中也具有冲突性。不同的文化之间可能会最终融汇到一起，但这个过程中不可避免地会产生冲突乃至对抗。当今随着时代的快速发展，不同文化间的不断交汇和碰撞会对文化认同产生深刻影响。文化处于不断的发展、变化、运动、交替之中，新兴文化价值观念通过各种途径在现有的文化价值体系中进行传播时，不可避免地会对原来相对独立存在的文化价值体系产生一定的冲击或影响，文化冲突由此产生。例如，本土文化与外来文化的冲突，中华传统文化与现代文化的冲突，虚拟文化与现实文化的冲突等，都是这种冲突性的具体表现。对于这些文化冲突我们应当有一个正确的认识。在这些文化冲突中，我们应当具有甄别能力，能够认清哪些传统是我们应当保持的，哪些文化元素是属于糟粕应当被抵制或是摒弃的。

4. 文化认同的个体性和社会性的二分

文化认同可以从个人层面和社会层面来理解。在社会层面的文化认同中，文化认同是一个人知道自己属于一个社会范畴或社会群体的知识或意识①。所谓的社会群体，指的是一组拥有共同社会身份或将自己视为同一社会类别成员的个人。在社会群体中，个人通过社会比较过程将与自己相似的人归为自我的同类而列入同一群体；相反，将与自我不同

---

① HOGG M A, ABRAMS D. Social Identifications: A Social Psychology of Intergroup Relations and Group Processes [M]. London: Routledge, 1988.

的人视为异类而列为群体之外。

社会层面的文化认同有两个重要的过程，即自我分类（self - cate-gorization）和社会比较（social comparison），这两个过程产生的结果不同①。自我分类的结果是强调自我和群体内其他成员之间的共性，以及自我和群体外成员之间的差异。这种强调的共性与差异包括态度、信念和价值观、情感反应、行为规范、言语风格等，社会比较过程的结果则是在自我提高的维度方面选择性地应用上述强调所带来的效应。而在个人层面的文化认同中，认同的核心是对作为自我的角色进行分类，实现自我的意义，实现对自我角色与行为的期望②。

此外，正如特纳（Turner, J. C.）所指出的，文化认同理论中的命名涵盖了包括自我和他者的与我们的计划和活动相关的所有事物。一个人的认同通常由自我分类过程中所产生的有关特定群体或角色的种种自我观点所组成。因此，尽管这两种层面理论的自我分类基础不同（一个是群体/类别，另一个是角色），但越来越多的学者开始意识到，个人是根据结构化的社会赋予的意义来看待自己③。个人层面与社会层面的文化认同尽管存在一定的差异，但是大多数情况下这种差异只是因为二者的侧重点不同，并非是质的差异。

三、大学生文化认同

目前国内对大学生文化认同的概念在解释上有不同的表述，杨建义

① HOGG M A, ABRAMS D. Social Identifications：A Social Psychology of Intergroup Rela-tions and Group Processes［M］. London：Routledge, 1988.

② THOITS P A. Social Support as Coping assistance［J］. Journal of Consulting and Clinical Psychology, 1986（4）：416 - 423.

③ TURNER J C. Introducing the Problem：Individual and Group. Rediscovering the Social Group：A Self - categorization Theory［M］. Oxford：Blackwell, 1987.

在《大学生文化认同与价值引领》一书中解释了大学生文化认同的内涵，"大学生文化认同，是指大学生以中华民族传统文化、中国共产党领导的主流文化以及西方文化为内化对象，他们对不同的文化所表现出来的态度、行为及其背后所体现的价值选择，由此体现大学生的文化身份和文化归属心理"①。王艳华指出"大学生对文化认同的认识和态度，是大学生这一群体对自己所属的群体特征所持的价值观的认可和接纳，它代表着大学生群体的共同观念，这一观念关系着他们如何分辨是非、对错，并指导着大学生的行为过程"②。樊娟指出大学生的文化认同是指"大学生通过学习、生活和体验，在认识和情感上形成对外在于主体的社会主义先进文化的认识趋同，并用以武装自己的头脑，指导自己行动的一种过程。它不仅是认识上的赞同、情感上的相容，更重要的是信念的确立及信念与行为的一致性"③。

在建设中国特色社会主义的今天，"发展中国特色社会主义文化，就是以马克思主义为指导，坚守中华文化立场，立足当代中国现实，结合当今时代条件，发展面向现代化、面向世界、面向未来的，民族的科学的大众的社会主义文化，推动社会主义精神文明和物质文明协调发展。要坚持为人民服务、为社会主义服务，坚持百花齐放、百家争鸣，坚持创造性转化、创新性发展，不断铸就中华文化新辉煌"④。中国特色社会主义文化的指导思想是马克思主义，它充分吸收了中国传统文化

① 杨建义. 大学生文化认同与价值引领［M］. 北京：社会科学文献出版社，2016：3.
② 王艳华. 文化认同对大学生思想内隐形成的影响及教育对策［J］. 思想政治教育研究，2013（2）：32.
③ 樊娟. 新生代大学生文化认同危机调查研究［J］. 中国青年政治学院学报，2009（6）：12.
④ 习近平. 决胜全面建成小康社会 夺取新时代中国特色社会主义伟大胜利——在中国共产党第十九次全国代表大会上的报告［M］. 北京：人民出版社，2017：41.

和外来先进文化中的优秀成果，与中国人民的切身利益一致，满足社会生产力发展要求，代表人类文明的未来发展趋势，是一种与中国当代政治经济体制相适应、能够促进社会不断发展进步的先进的文化形态。"当代中国文化认同，既要立足于中国，又要面向世界。当代中国文化认同首先要立足于中国，以中国现代化建设中的问题为中心，站在中国的土地上，着眼于解决中国文化建设中遇到的问题，……在当代中国，文化认同与建设中国特色社会主义文化是一致的"①。

新时代大学生所属的文化环境是中国特色社会主义文化，这种文化并非是一种单一的文化，而是以马克思主义为指导，融合了古今中外多元文化精髓的中国特色社会主义文化。在当代中国，社会文化环境是一个复杂的文化生态系统，这个系统中共生着各种形态的文化形式，包括传统文化与现代文化、主流文化和各种亚文化、本土文化和外来文化等。中华文化在长期的历史发展过程中，不断吸收着来自世界各个民族、各个文明的先进文化成果。

因此，大学生文化认同指的是大学生对中国特色社会主义文化的肯定性体认，是对中国特色社会主义文化在认识上的统一、情感上的融洽、行为上的一致。同时，新时代大学生处于复杂多变的国际环境之中，当他们面对各种交锋的文化思潮与意识形态时，往往会出现各种认同上的问题。因此从研究新时代大学生文化认同的角度而言，针对大学生文化认同中存在的一些问题和薄弱点，抓住当今多元文化环境的本质，坚持马克思主义的指导思想地位，坚持中国特色社会主义文化的正确认识，确定大学生的文化认同是对中国特色社会主义文化的认同，具

---

① 苏振芳. 论文化认同在思想政治教育中的作用［J］. 思想政治教育研究，2011（5）：22.

有重要的现实意义。

　　大学生文化认同的本质是价值认同。第一，价值认同是文化认同实现自觉的必然。大学生文化认同是大学生对中国特色社会主义文化的思维方式、文化理念和行为规范的广泛共识与认可，在此过程中价值取向一直处于重要的位置，只有在价值取向方面实现了认同，才能实现真正意义上的文化认同。具体来说，只有真正认可、接受和实践了中国特色社会主义文化，形成了对中国特色社会主义文化的自觉和自信，拥有了共同的社会理想、人生信念和道德规范，才能实现真正的文化认同。换言之，价值规定性是文化的属性之一，这种属性决定了价值认同既是文化认同的核心内容之一，也是实现文化自觉之后必然会达到的终极目标。

　　第二，大学生文化选择取决于价值观念。文化选择实际上是一种价值的选择，由于大学生对于文化的需要和文化价值都具有多元性，随着历史的变迁和时代的发展，文化无论在内容结构上还是需求结构上都会发生相应变化，文化价值也会逐渐呈现出多元化的样态和趋势，越来越具有相对性。文化价值的相对性意味着文化认同具有选择性，也就是说文化理念、思维模式、道德规范和行为规范都是可以选择的。大学生对文化的认同是一个有目的的主动选择过程。在已有文化的基础上，选择与自身价值观一致并满足个人需求的文化，在价值判断和价值选择的基础之上，将之移入自己的大脑。这种主动选择的标准比较复杂，通常大学生感兴趣或者熟悉的文化将首先进入他们的视野，这些进入大学生视野的文化如果符合他们原有的价值观和思想认识，则会被接受、吸收、实践、内化。相反，如果这些文化与自己的原有价值观和思想认识相悖，则有可能会被质疑、排斥，或者在质疑和反思之后被修正或接受。在这种文化要素选择的过程中，需要用社会主义核心价值体系来进行引领，从而保证文化选择的正确方向。

大学生是文化认同的主体，也是文化自觉程度比较高的群体，他们的认知结构中的文化自觉程度如何，决定着他们的文化认同能达到什么程度。大学生文化选择的目的，往往也是他们在现实中所自觉追求的目标。大学生在文化认同中价值选择的标准首先表现为对文化本身价值的判断。新时代大学生所处的社会是多元文化的社会，受多种类型文化的影响，使得他们形成了具有独特结构的文化选择心理。作为年轻人，大学生喜欢新生事物，喜欢时尚和流行，这是年轻人的特点。但是这些特点并不是他们的全部精神面貌，在整体上年轻人还是具有一定的前瞻视野，目标比较长远，能够注重文化的内涵和发展的动力。他们的文化选择标准主要还是希望在自我发展、自我价值实现以及可持续发展之间取得一种平衡。也可以说，他们在选择和认同文化时，一种文化能否打动他们，主要看他们是否能从中获得文化和精神需求的满足感，而不仅仅是满足一种生存和生理上的需求。在马斯洛的五种需求理论体系（生理需求、安全需求、爱和归属感、尊重和自我实现）中，由于大学生所处的人生阶段比较特殊，所承担的社会角色和社会责任比较重要，因此在他们的需求中普遍把个人和社会的发展放在首位，首先以这种文化是否可以解决人生中和社会上的价值问题来评价这种文化，以此决定是否接受和认同这种文化。

第三，大学生文化认同的核心是价值的引领。大学生文化认同要坚持正确的指导思想，必须要坚持和发挥社会主义核心价值体系的引领作用。"社会主义核心价值体系是由马克思主义指导思想、中国特色社会主义共同理想、以爱国主义为核心的民族精神和以改革创新为核心的时代精神、社会主义荣辱观四个方面内容构成"①。2016 年，习近平总书记在全国高校思想政治工作会议中指出，我们要"巩固马克思主义在高校意识形态的主导地位，用科学理论培养人，用正确思想引导人，保证高校始终成为培养社会主义事业建设者和接班人的坚强阵地"②。从教育层面来说，要以社会主义核心价值体系引领大学生文化认同。

价值认同是大学生文化认同的核心，因此我们需要以社会主义核心价值体系来引领新时代大学生文化认同，继承、弘扬和发展中国特色社会主义文化，深入开展中华优秀传统文化、革命文化和社会主义先进文化教育活动，通过以文化人和以文育人，推动中国特色社会主义文化走向繁荣昌盛。

第二节　大学生文化认同的基本要素

大学生文化认同作为一个有机的系统，包括主体、客体和环境三个基本要素。主体与客体之间存在认识、实践与制约的关系，环境是大学生文化认同的历史与时代语境。

一、大学生文化认同的主体

大学生文化认同的主体是作为新时代中国特色社会主义文化的传承者和建设者的大学生。在建设社会主义现代化事业的进程中，大学生的

---

① 毛泽东思想和中国特色社会主义理论体系概论［M］. 北京：高等教育出版社，2018：226.
② 中共中央文献研究室. 习近平关于社会主义文化建设论述摘编［M］. 北京：中央文献出版社，2017：55 – 56.

时代责任决定了他们的人生历程要与中华民族伟大复兴的战略发展蓝图同呼吸共命运，他们是否拥有正确的价值观念和人生理想在很大程度上影响甚至决定着我们的社会主义现代化建设目标能否顺利实现。

新时代大学生所处的社会环境发生了比较大的变化，客观上决定了他们在心理和行为上具有一些不同以往的特点。

首先，新时代大学生整体上具有较强的自我意识，但部分大学生社会责任意识较弱。自我意识是人特有的复杂心理现象，是个体对自身的存在、身份以及对自身同周围世界关系的认识。随着年龄的增长、身心的发育和社会交往圈子的扩大，大学生逐渐对自身的身份角色有了更深的认识，对家庭、学校和社会开始有自己独特视角的观察和看法，关注自己的感受和发展，独立思想和自我意识逐渐增强。这种自我意识的增强一方面对于社会是一种进步，因为社会的进步一定程度上离不开个人的进步；但是另一方面，过强的自我意识有可能会造成个人主义的盛行和社会责任意识的淡化。当今有部分大学生集体主义精神较为薄弱，过于关注个人价值和利益的实现，集体荣誉感和团队协作意识不强，对与自己"无关"的事情高高挂起，不能认识到自身的发展其实离不开社会的进步。

其次，新时代大学生思维活跃，思想开放，但部分大学生鉴别能力较弱。新时代大学生生活在信息化高度发展的社会环境中，日新月异的社会变化符合他们求知欲强的天性，他们对外部世界充满好奇，富有朝气和创造力，思维敏锐，乐于接受新生事物，包容性强。但是另一方面，部分大学生并没有形成完整、正确的价值观念，在纷繁复杂的社会现象中甄别是非的能力不强，对很多社会问题缺少辩证的思考，无法看清问题的本质，容易受到一些不良思想的影响。

认识和重视新时代大学生文化认同的主体，就必须重视正确的价值观在新时代大学生人生发展关键时期的基础性作用和引导作用。新时代大学生由于尚未形成成熟的情感心理，爱与憎虽然分明但是比较简单，距形成比较完整的知识体系和价值观念还需要很长的路要走，需要对他们的文化认同情况密切关注。"学生在高校生活，……正处在人生成长的关键时期，知识体系搭建尚未完成，价值观塑造尚未成型，情感心理尚未成熟，需要加以正确引导"①。随着中国在政治、经济和文化领域取得举世瞩目的成就，随着改革开放的不断深入进行，向世界打开的大门在引进一些先进科技和技术理念的同时，一些不良的社会思潮、低俗或庸俗的文化等也在不知不觉中对大学生产生不良的影响，因为他们还在成长期，成人世界中的比较成熟的世界观、价值观及人生观并没有相应地培养出来，所以大学生"要明辨，善于明辨是非，善于决断选择。……面对世界的深刻复杂变化，面对信息时代各种思潮的相互激荡，面对纷繁多变、鱼龙混杂、泥沙俱下的社会现象，面对学业、情感、职业选择等多方面的考量，……关键是要学会思考、善于分析、正确抉择，做到稳重自持、从容自信、坚定自励。要树立正确的世界观、人生观、价值观，……自然就能作出正确判断、作出正确选择"②。

新时代大学生文化认同与我国改革开放的时代始终一致，具有强烈的时代特征，突出表现在主体意识、参与意识、竞争意识、责任意识等道德行为规范和价值取向等方面。放眼未来，新时代大学生需要具有更加宽阔、开明的文化视野，以开放的心态去认识世界，以现实需要、时代号召和社会要求为个人前进的动力，与时俱进，使文化认同始终跟上

---

① 中共中央文献研究室. 习近平关于青少年和共青团工作论述摘编 [M]. 北京：中央文献出版社，2017：37.

② 习近平：青年要自觉践行社会主义核心价值观 [EB/OL]. http：//cpc. people. com. cn/n/2014/0505/c64094 - 24973220 - 2. html.

时代发展的脉搏。"要引导学生从社会主义思想源头和历史演进中，从我们党探索中国特色社会主义历史发展和伟大实践中，认识和把握人类社会发展的历史必然性，认识和把握中国特色社会主义的历史必然性，不断树立为共产主义远大理想和中国特色社会主义共同理想而奋斗的信念和信心"①。

二、大学生文化认同的客体

大学生文化认同是大学生对中国特色社会主义文化的肯定性体认，大学生文化认同的客体是中国特色社会主义文化。邓小平在十二大开幕词中首次提出建设有中国特色的社会主义，邓小平同志指出，"我们的现代化建设，必须从中国的实际出发。无论是革命还是建设，都要注意学习和借鉴外国经验。但是，照抄照搬别国经验、别国模式，从来不能得到成功。……把马克思主义的普遍真理同我国的具体实际结合起来，走自己的道路，建设有中国特色的社会主义，这就是我们总结长期历史经验得出的基本结论"②。十九大报告中指出："发展中国特色社会主义文化，就是以马克思主义为指导，坚守中华文化立场，立足当代中国现实，结合当今时代条件，发展面向现代化、面向世界、面向未来的，民族的科学的大众的社会主义文化。"③ 因此，作为新时代中国特色社会主义文化的传承者和建设者，大学生文化认同的客体是中国特色社会主义文化。大学生对中国特色社会主义文化的共识和认可，本质是形成中

---

① 中共中央文献研究室. 习近平关于青少年和共青团工作论述摘编［M］. 北京：中央文献出版社，2017：40.

② 邓小平文选（第三卷）［M］. 北京：人民出版社，1993：2－3.

③ 习近平. 决胜全面建成小康社会 夺取新时代中国特色社会主义伟大胜利——在中国共产党第十九次全国代表大会上的报告［M］. 北京：人民出版社，2017：41.

国特色社会主义文化的自信和自觉。

习近平总书记在十九大报告中指出："中国特色社会主义文化，源自于中华民族五千多年文明历史所孕育的中华优秀传统文化，熔铸于党领导人民在革命、建设、改革中创造的革命文化和社会主义先进文化，植根于中国特色社会主义伟大实践。"① 习近平在庆祝中国共产党成立95周年大会上的讲话中指出，"在5000多年文明发展中孕育的中华民族传统文化，在党和人民伟大斗争中孕育的革命文化和社会主义先进文化，积淀着中华民族最深层的精神追求，代表着中华民族独特的精神标识"②。"这一新的理论判断对中国特色社会主义文化的源流形态、现实形态、发展形态作出了清晰的概括，即中华优秀传统文化、革命文化和社会主义先进文化"③。李维武认为，习近平的文化观"凸显了中国文化中的三种形态——中华优秀传统文化、革命文化和社会主义先进文化，肯定了这些文化形态对于中华民族精神生活的重要意义"④。李心记认为，"中国特色社会主义文化立足于中华优秀传统文化，在弘扬红色革命文化与建构社会主义先进文化的互动中勃兴。这三种文化有机融合、交相辉映，构成了内涵丰富的中国特色社会主义文化"⑤。郝立新指出，"中华文化历经历史长河的洗练、艰难困苦的磨砺与辉煌实践的

---

① 习近平．决胜全面建成小康社会 夺取新时代中国特色社会主义伟大胜利——在中国共产党第十九次全国代表大会上的报告［M］．北京：人民出版社，2017：41.
② 习近平．在庆祝中国共产党成立95周年大会上的讲话［M］．北京：人民出版社，2016：12.
③ 燕连福，李婧．新时代发展中国特色社会主义文化的三重维度［J］．思想理论教育导刊，2018（12）：57.
④ 李维武．中国文化的古今变化及其联系——关于中华优秀传统文化、革命文化、社会主义先进文化关系的思考［J］．中南民族大学学报，2017（5）：115.
⑤ 李心记．文化自信视域下新时代中国特色社会主义文化的民族特色论析［J］．学校党建与思想教育，2019（1）：41.

孕育，发展出了以中华优秀传统文化、革命文化和社会主义先进文化为代表的文化形态"①。"作为中华文化不同历史时期的代表，中华优秀传统文化、革命文化与社会主义先进文化产生于不同的历史时空、植根于不同的时代背景，代表着中华民族在形成与发展、中国共产党带领中国人民在革命、建设与改革等历史实践中积累的不同时期的文化成果"②。中华优秀传统文化是新时代中国特色社会主义文化的根与魂，革命文化是新时代中国特色社会主义文化的"红色基因"。而中国特色社会主义文化则是产生于中华优秀传统文化的丰厚沃土中，并且在此基础之上不断发展的。"社会主义先进文化是对中华优秀传统文化与革命文化的继承和弘扬，它以中国特色社会主义为时代背景和现实基础，反映了当代中国的社会性质、时代精神和文化理念，代表了新时代中国特色社会主义文化的前进方向"③。中国特色社会主义文化具体包括中华优秀传统文化、革命文化和社会主义先进文化三种文化形态，所以大学生文化认同的主要内容是中华优秀传统文化、革命文化和社会主义先进文化。

三、大学生文化认同的环境

大学生文化认同离不开特定的社会结构和社会历史的语境，文化反映时代的特征，并被历史和时代所建构，新时代大学生的文化认同亦是如此。因此当我们研究大学生文化认同时，必须从新时代大学生所处的当代时空坐标和文化场域来把握。"当前，世界范围内各种思潮交流交

---

① 郝立新，朱紫祎. 中国特色社会主义文化的时代境遇与价值选择 [J]. 毛泽东邓小平理论研究，2018（11）：4.
② 郝立新，朱紫祎. 中国特色社会主义文化的时代境遇与价值选择 [J]. 毛泽东邓小平理论研究，2018（11）：2.
③ 燕连福，李婧. 新时代发展中国特色社会主义文化的三重维度 [J]. 思想理论教育导刊，2018（12）：58.

融交锋，国内各种矛盾和热点问题叠加出现，境内外敌对势力对我国实施西化、分化战略一刻也没有放松，这些都对青年的世界观、人生观、价值观产生着潜移默化的影响"①。

（一）经济全球化对文化的影响

全球化包括经济全球化、政治全球化、文化全球化等方面，主要表现为全球联系更为紧密，全球意识不断增强，人类生活在全球规模的基础上不断发展。早在 1848 年，马克思和恩格斯便在《共产党宣言》中提到了一个在世界历史语境下的文化认同问题，"资产阶级，由于开拓了世界市场，使一切国家的生产和消费都成为世界性的了……过去那种地方的和民族的自给自足和闭关状态，被各民族的各方面的互相往来和各方面的互相依赖所代替了。物质的生产是如此，精神的生产也是如此"②。在不同文化中的人之间的交流得到不断加强的同时，全球化的进程也促使人们强化了自身的文化自觉意识。全球化对文化产生不可估量的影响，主要体现在如下四个方面：

一是全球化促进了全世界范围的文化交流。美国人类学家弗兰兹·博厄斯（Franz Boas）认为，人类的文化具有多元性和多样性，每个独立的文化都具有完整的文化结构，拥有各自独立的价值体系、生产与生活方式、制度结构和意识形态。这些多元的文化从最初起就基本是独立发展的，相互之间并没有多少联系③。但是归根结底，文化在封闭中是不能得到发展的，而基本都是在互相学习、互相交融中逐渐发展起来

---

① 中共中央文献研究室. 习近平关于青少年和共青团工作论述摘编［M］. 北京：中央文献出版社，2017：23.
② 马克思恩格斯选集（第 1 卷）［M］. 北京：人民出版社，2012：404.
③ ［美］弗兰兹·博厄斯. 原始人的心智［M］. 项龙，译. 北京：国际文化出版公司，1989.

的。类似于两千多年前几大文明平行共存的"轴心时代"（Axial Age）在当今已经难以出现。在文化全球化的今天，随着各国交流的不断深入，文化不仅成为各国之间交往的纽带，也反映着一个国家的软实力。文化交流促进了各国之间的交往，塑造了各个国家在世界舞台上的国家文化形象，文化战略在提高综合国力中的地位和作用也越来越突出。

二是全球化带来文化和而不同的融合契机。每一种文化体系都不可能孤立存在，总是处于与其他文化的沟通互动中，这种沟通互动既包括文化交融，也包括文化冲突与碰撞。具有不同历史文化背景的各个国家必须要适应全球化所提出的挑战，正视自身文化与外来文化之间的关系，相互尊重，在全球不同的文化价值观的碰撞中竞争、包容、生存、发展，在竞争激烈的全球舞台上提高文化软实力。而要提高文化软实力，就必须要提高文化自觉和文化自信，在学习借鉴外来文化中的先进元素的同时，更要深入了解、继承和弘扬我们自己的优秀文化。唯有这样，才能使我们的文化走向世界，在多元文化的世界中保持自己的文化特色。

三是全球化带来文化霸权与文化主权之间的冲突。文化霸权（cultural hegemony）的实质是文化殖民，是统治阶级或国家通过对社会文化（包括对信仰、价值观、道德理念等方面）隐蔽的、非强制性的操控，在意识形态、生活方式、价值观等方面对别的国家或受统治阶级进行渗透，使其逐渐认同和接受这种输入的文化观念。这种文化霸权的隐蔽性很强，"文化帝国主义的东西，是最巧妙的，并且它能单独取得成功，也是最成功的帝国主义政策，它的目的，不是征服国土，也不是控制经济生活，而是征服和控制人心，以此为手段而改变两国的强权关系"①。全球化并不能简单地理解为大一统的趋势，它"指的是一种复杂的联结"②。在全球化的背景下，本土文化受到的首先是影响与冲击，可以说，"我们的世界、我们的生活，正在被全球化与认同的冲突性趋势所塑造"③。在全球化过程中，西方国家处于主导性和支配性地位，借助于话语霸权和经济、政治乃至军事力量，将其强势文化进行对外单向输出。这种文化输出在被输出国家和地区往往会引发两种后果：迷失和抵抗。一方面，非西方文化在西方文化的强势冲击下可能会否定和舍弃本土文化，在文化交流中丧失自我；另外一种可能是，西方强势文化的输入与侵略可能会在非西方文化中唤起民族主义精神，借助民族主义和传统文化来抵抗外来文化。

四是文化战略方面的影响。在全球化的背景下，各种文化交流、碰撞，信息以前所未有的速度和广度进行传播，相对于经济力量和军事力量而言，文化力量的重要性尤为凸显。国际社会已经日益认识到文化战略的重要性，早在 1995 年，联合国教科文组织就发布了《世界文化发展报告》，提出要把文化置于发展的中心位置。在 1998 年"文化政策促进发展"政府间会议的斯德哥尔摩宣言中，联合国教科文组织进一步把文化的繁荣确立为人类社会发展的终极目标。20 世纪 90 年代末，塞缪尔·亨廷顿在《文明的冲突与世界秩序的重建》中指出，传统形式上的枪炮战争在未来将被软战争所代替，这种软战争就是文化之间的

---

① ［美］汉斯·摩根索. 国际纵横策论［M］. 卢明华，译. 上海：上海译文出版社，1995：90.

② ［英］约翰·汤姆林森. 全球化与文化［M］. 郭英剑，译. 南京：南京大学出版社，2002：2.

③ ［美］曼纽尔·卡斯特. 认同的力量［M］. 夏铸九，黄丽玲，译. 北京：社会科学文献出版社，2003：2.

碰撞。文化战略在未来将发挥越来越重要的作用①。

（二）互联网时代背景下文化环境出现新变化

新时代大学生出生和成长在互联网的时代，互联网是不可逆转的时代潮流。在党的十九大报告中，将"网络强国"列入未来发展建设的愿景，将网络教育写入报告，这也鲜明地反映了我们所处的时代潮流。在互联网时代，信息传播手段多样，社会结构变化复杂，个体需求差异明显。相对于传统教育，学生的学习体验日益立体化、场景化。根据2019 年《中国互联网络发展状况统计报告》的统计，截至 2019 年 6月，中国的互联网普及率为 61.2%，网民规模总量则达到了 8.54 亿人，其中手机网民规模达到 8.47 亿②。现代社会已经进入信息时代。在信息时代，快速发展的互联网对大学生的成长有着深远的影响。互联网改变了时代文化的场域，同时也在慢慢地改变着大学生的生活方式和生产方式。互联网对文化环境的改变主要体现在如下五个方面：

一是互联网促进了文化的交流和融合。互联网打破了交流的时间和空间限制，大学生与外界之间的信息共享与沟通变得更为便捷。同时，互联网的发展也将平等观念、合作意识、效率意识等理念传输给大学生，潜移默化之中也在影响着大学生世界观与现代意识的树立。互联网给大学生提供的文化交流平台是一个双向交流的过程，一方面，大学生可以通过各种网络渠道接触和了解各种外国文化，吸收和借鉴外国优秀文化的精髓，将他山之石成为自己文化构成中的组成部分；另一方面，在让文化"走进来"的同时，大学生也可以让中国文化"走出去"，通

---

① 塞缪尔·亨廷顿. 文明的冲突与世界秩序的重建［M］. 周琪，译. 北京：新华出版社，2010.

② 第 44 次《中国互联网络发展状况统计报告》［EB/OL］. http：//www.cac.gov.cn/2019－08/30/c_ 124938750. htm.

过互联网等各种途径传播中国文化，宣传中国形象，扩大中国文化的影响力。

二是互联网构建的网络空间有利于大学生的自我解放。在互联网的环境中，微信、微博、电子邮件等新媒体和各种网络社交平台逐渐成为大学生进行社会交往的主要方式。这些新媒体能使大学生的社会交往变得轻松便捷，可以通过更自由更有效的方式解决交流中出现的问题。在这些新媒体构建的虚拟空间中，环境的虚拟性和所处位置的物理距离能给交流的参与者带来一种安全感和疏离感。同时，网络交往中所产生和流行的大量网络符号和网络语言在一定程度上拉近了这些符号和语言使用者之间的距离，从而增加了人与人之间、人与群体之间、群体与群体之间的认同感。再者，互联网也成为大学生表达思想观点和倾诉心声的首选场所，通过在线交流，大学生希望可以通过这种新型的方式自由表达自己的思想，获得他人的尊重，实现自己的价值和自我的解放。

三是互联网带来虚拟社群的集体文化体验。互联网环境中的社群不同于传统意义上的社群，在互联网环境中，微博、微信、QQ、脸书、Twitter 等各种社交软件和社交平台建构出了各种虚拟的网络社群，从而形成了基于虚拟社群的一种虚拟的文化共同体。这些虚拟社群内部成员对社群的文化认同水平和社群的内部凝聚力也各不相同，有的属于成员关系较为松散的临时性社群，其成员对社群的文化认同性较低；有的则属于认同性社群，成员之间的联系较为紧密，这类社群的成员之间、成员与社群之间具有较高的文化认同水平，并形成了一些社群的行为规范，甚至开展线下的交往等，呈现出接近线下的传统社群特征。

四是互联网改变了文化意义的阐释方式。互联网改变了大学生的阅读模式和阅读习惯，电子书代替了纸质书，电子阅读代替了传统阅读，这种文化传播方式强调视觉化与感性化，其文化展示方式则由于媒体内容的碎片化而呈现出碎片化趋势。"形象正以其优越的可视性表现出对文字的压制"①。2016 年 10 月中国青年报社社会调查中心通过问卷网，对 1619 名 95 后大学生进行的一项调查显示，53.9%的受访 95 后大学生更倾向于碎片化阅读②，大学生在网络阅读过程中更倾向于阅读图文并茂的碎片化信息，每天浏览手机 App 推送的新闻，读几篇在线短文，刷一刷微博和朋友圈，这种碎片化的网络阅读和网络写作满足了大学生群体的好奇心理，提高了大学生对新媒体时代的信息获取能力以及人际交往能力，但是同时也产生了碎片化网络阅读的无效阅读，阅读效率不高，有效信息摄入比例不足。

五是互联网产生了新的文化学习认知方式。大学生文化交流的渠道由于互联网的应用而得以扩宽。互联网能快速便捷地给大学生提供大量的、丰富多彩的信息和知识，文化形式多样，富有交流趣味，这些都使大学生成为互联网的主要使用群体之一，把互联网作为满足他们娱乐需求和文化交流需求的主要渠道。首先，互联网为大学生提供了重要的知识获取来源，很多大学生需要了解和学习的知识，都可以通过网络获得。其次，互联网激发了大学生的创新性，提高了他们的自主学习能力以及学习积极性。再次，大学生可以通过在线学习不断掌握更为高效的学习方法和学习理念。最后，随着互联网在教育中的广泛应用，教学的时间和空间都得到了延伸，扩大了教育对象的范围，提高了教育的公平性。

---

① 弗雷德里克·詹姆逊. 文化转向 [M]. 胡亚敏，译. 北京：中国社会科学出版社，2000：5.
② 周易. 38.3%受访 95 后在网络社交圈经常屏蔽父母 [N]. 中国青年报，2016 - 10 - 18（7）.

（三）中华民族伟大复兴对大学生文化认同提出新要求

党的十九大提出："文化兴国运兴，文化强民族强。没有高度的文化自信，没有文化的繁荣兴盛，就没有中华民族伟大复兴。要坚持中国特色社会主义文化发展道路，激发全民族文化创新创造活力，建设社会主义文化强国"①。为实现中华民族伟大复兴，我们必须坚持"面向现代化、面向世界、面向未来的，民族的科学的大众的社会主义文化"②。在实现中华民族伟大复兴的事业中，新时代大学生在未来肩负着艰巨的现代化建设重任。我国当前社会正处于一个转型期，由比较封闭的传统社会快速转向资讯发达的现代信息社会和消费社会。快速的社会转型给我们带来了众多机遇，同时也带来了很多社会问题。新时代大学生是国家未来的希望，他们是否拥有正确的文化认同，能否具有积极向上的精神状态，将具有重大的意义，将会直接影响甚至决定社会主义现代化建设事业的成败。

第三节　大学生文化认同的意义

大学生文化认同无论对于个人、民族、社会还是国家都具有重要的意义。对大学生个人而言，文化认同是个人成长的向导，大学生正是通过文化认同才确定了自我身份，同时为大学生个体融入社会群体提供了标准和依据。大学生个体的心理与思想体系正是以文化认同为核心所构

---

① 习近平．决胜全面建成小康社会 夺取新时代中国特色社会主义伟大胜利——在中国共产党第十九次全国代表大会上的报告［M］．北京：人民出版社，2017：41.

② 习近平．决胜全面建成小康社会 夺取新时代中国特色社会主义伟大胜利——在中国共产党第十九次全国代表大会上的报告［M］．北京：人民出版社，2017：41.

成，引导个人的价值观念，规范个人的日常行为。对于民族和国家而言，文化认同是民族认同和国家认同的深层基础。

一、文化认同是大学生个人健康成长的指引与规约

文化认同是大学生建构个人身份意识的重要途径，当一个人开始有了自我意识的时候，首先要问的问题就是"我是谁"，通过追寻问题的答案来确定自己的身份。通过文化认同，大学生个体确立身份意识。大学生在认识自身的过程中，会通过在社会生产实践中结成的各种关系（如"自我"与"他者"的关系）来进行判断。这些社会关系的综合体构成了一个人所属社会的文化，人正是在文化的认同过程中来确认自己的身份。通过文化认同，大学生同时也可以确定自身的价值。自身的价值往往表现为自身相对于他者和他物的价值，这种价值通常通过与他人他物的关系体现出来。决定个体自身的价值，是周围社会的价值取向和价值标准，而非由个体所决定。文化的内涵丰富，涵盖了社会政治、经济、艺术、宗教、科学等内容，是社会精神的凝聚，整个社会的价值取向和价值标准就体现在其文化之中。因此，从文化认同中我们可以看到个体对价值的选择。个体要想确定并实现自身价值，前提是个体首先要遵循其所在社会的文化价值。一个人的兴趣、爱好、行为方式以及在社会生活中的价值取向，只有通过文化认同才能确定。因此，文化认同对大学生来说具有极为重要的意义。大学生只有通过对文化的认同，才能建立起一个全面的坐标体系，以此识别自身，培养自我意识，确定自己的身份和自身的价值。

文化认同影响着大学生对社会的知觉、态度和行为。新时代大学生从一出生就置身于一个改革开放和全球化背景下的多元文化环境之中，时刻受到来自外部文化的熏陶和影响。这种影响是潜移默化的，在大学

生的成长中贯穿于他们生活的各个方面，包括思想和行为，也包括衣食住行等，作为一种软力量塑造和影响着他们的思想和价值观。这种塑造、影响乃至改变或许是隐性的、不易察觉的，但力量却是强大而持久的。由于大学生并非生活在真空中，而是生活在特定时代背景下的文化环境之中，这个文化环境既会被大学生所认知和认同，同时反过来也会约束和制约大学生的行为。如果大学生的行为超越了或者违反了文化认同的规范，则会被社会视为违规行为。也就是说，大学生以这种认同作为他们个体行为的准则，在社会化过程中认同所属群体和社会的文化，并在认同的范围之内来支配自己的行为。

在大学生个体的社会化进程中，文化认同亦起着重要的影响作用。每个人都有两种属性：自然属性和社会属性，前者是与生俱来的，后者却是通过后天习得而成。对于一个人来说，这种为了适应社会生活而不断习得社会属性的过程就是社会化过程。在这个过程中，各种外界文化环境都会使个体受到感染和影响，个体对文化的认同即形成于这种内外因素的综合作用中。正确的、良性的文化认同可以使大学生个体明确自己在所属文化群体中的身份、地位、使命，主动接受主流的文化价值观，使自己的个性、价值观和角色符合社会需求，与社会主流文化相适应。

在多元文化的社会环境中，文化认同上的差异会使大学生走向不同的人生发展轨迹。大学生在年龄上正处于树立正确价值观、养成良好习惯的关键时期，能否认同中国特色社会主义文化将直接决定着他们的精神世界能否达到比较高的层次，也影响着他们在认识和改造世界中的思维方式、精神风貌及实践行为。因此，要想使大学生在德智体美劳上得到全面发展，必须要培养他们对于中国特色社会主义文化的认同。只有这样，大学生才能在复杂的社会文化环境中自觉地汲取营养，培养个人和社会所需的思考能力和实践能力，养成良好的生活和学习习惯，在社会实践过程中形成自我约束和调控的道德品质，实现人格的全面、健康发展，满足高校大学生自我发展的本质要求。

二、文化认同是大学生文化自信和文化自觉的前提和保障

在当今世界复杂的多元文化环境中，大学生需要认清自己的个人定位和社会角色，培养正确的社会主义核心价值观，不断增强文化自觉，提高文化自信。

（一）文化认同是大学生提高文化自觉的前提

"文化自觉"是社会学家费孝通于1997年提出的思想，他认为"文化自觉是指生活在一定文化中的人对其文化有自知之明，明白它的来历，形成过程，所具的特色和它发展的趋向，不带任何文化回归的意思"①。大学生能够成长为什么样的人，很大程度上取决于他认同并乐于接受什么样的文化。在以全球化和多元文化为特点的现代社会，大学生在汲取各种文化营养的同时，也面临各种东西方、新与旧、虚拟与现实等文化冲突对他们带来的挑战。在各种文化带来的不同的价值观念的冲击下，大学生的思想可能会受到冲击，从而产生迷茫与困惑。在这种情况下，培育正确的文化认同可以提高大学生的文化自觉，提高明辨是非的甄别能力，以一种自觉的积极心态面对这种多元文化环境中的文化冲突，确定自己的自我身份和人生理想，以辩证的、积极的心态批判和借鉴有益的文化养分，在复杂的文化环境中坚定积极的文化取向，不断提高中国特色社会主义文化自觉。

文化认同是文化自觉的前提。要提高大学生的文化自觉，我们的分

---

① 费孝通. 文化与文化自觉［M］. 北京：群言出版社，2016：195.

析与思考只有建立在文化认同的广阔视野中，才能完整、系统地应对和解答文化自觉的各种问题。正如费孝通所说的："文化自觉是一个艰巨的过程，只有在认识自己的文化、理解所接触到的多种文化的基础上，才有条件在这个正在形成中的多元文化的世界里确立自己的位置，然后经过自主的适应，和其他文化一起，取长补短，共同建立一个共同认可的基本秩序和一套各种文化都能和平共处、各抒所长、联手发展的共处原则"①。只有引导大学生全面而客观地深入了解和评价中国特色社会主义文化，才能真正提升他们的文化自觉，增强大学生的社会责任感和学习中国特色社会主义文化的主动性。

（二）文化认同是大学生增强文化自信的保障

"文化自信，是更基础、更广泛、更深厚的自信，是更基本、更深沉、更持久的力量。坚定文化自信，是事关国运兴衰、事关文化安全、事关民族精神独立性的大问题"②。大学生只有在多元文化的环境中对自己的文化充满自信，才能发现和认识自己文化的优势和长处，才能在多元文化的环境中学习和借鉴外来文化的时候坚持自己的文化定位，坚定不移地走自身的发展道路。历史对照和现实成果已经表明，中国近年来在社会主义现代化建设中所取得的成就，包括文化建设方面的成就，已经被全世界包括西方所认可。作为肩负中华民族复兴重任的新时代大学生，应当对我们自己的优秀传统和现代化建设愿景充满信心。

大学生只有树立正确的文化认同，才能很好地继承和弘扬中华优秀传统文化，从内心认同革命文化和社会主义先进文化，增强中国特色社会主义文化自信。"文化自信来自于中华优秀传统文化、革命文化和社

---

① 费孝通. 中国文化的重建 [M]. 上海：华东师范大学出版社，2014：161.
② 习近平谈治国理政（第二卷）[M]. 北京：外文出版社，2017：349.

会主义先进文化的丰厚智慧蕴涵和先进价值理念"①。大学生只有高度
认同中华优秀传统文化、革命文化和社会主义先进文化，我们的民族自
信心和凝聚力才能得到提高，我们的文化安全才能得到保障。唯有如
此，我们才能形成良好的行为规范和价值规范，形成强大的向心力和凝
聚力，全社会才能在共同奋斗的良好局面中建设社会主义文化强国。大
学生坚持社会主义核心价值观的引领，高度认同中国特色社会主义文
化，有利于国家在社会各领域的发展，有利于维护人民的根本利益，有
利于维护国家安全，使大学生在主流意识形态的指引下增强中国特色社
会主义文化自信。

三、文化认同是大学生民族认同和国家认同的条件与基础

文化认同是个体或群体的文化归属意识和价值取向，它与民族认
同、国家认同构成了一个不可分割的有机整体。首先，民族认同离不开
文化认同，文化认同是民族认同存在的前提条件。人类社会出现之后，
人类对自身文化的认同，主要源于对其所处的部落、群体内部的血缘关
系上的认同。由此逐渐发展到对自身所属群体的文化符号的认同，例如
对图腾的崇拜等，人类社会早期的归属认同由此而生，并最终随着部落
和群体发展为民族而形成民族认同。"由于民族在发展，对外文化交融
的过程中存在民族的融合、文化的交融、认同的碰撞与对立，使原有的
对民族的认同与对本民族文化的认同转变为一种民族意识与民族情感，
人们的认同进入一个新的阶段"②。其次，国家认同是文化认同基础上

---

① 冯刚. 在中华民族伟大复兴进程中坚定文化自信［J］. 马克思主义理论学科研究，2017（3）：96.
② 郑晓云. 文化认同论［M］. 北京：中国社会科学出版社，1992：7-8.

的民族认同的升华。随着民族国家的产生，产生了对民族国家的认同，国家认同主要表现为个体或群体在心理上对所处的国家政治共同体在心理上产生归属感，在行动中主动维护国家荣誉和国家尊严，捍卫国家的领土和主权。从深层意义上说，文化认同是民族认同与国家认同的基础与前提，民族认同和国家认同则是文化认同的重要核心内容。文化认同具有相对性和开放性，在不同的民族国家呈现出不同的内容结构，但是最核心的内容就是民族认同与国家认同。所以说为了维护民族的团结和国家的统一、稳定与发展，首先就必须培育和构建文化认同。当前在全球化过程中，多元文化环境中的文化边界呈现出模糊趋势和状态，很多国家、民族的文化在外来强势文化的压迫下失去了自我，失去了完整性和独立性，很多国家和民族甚至出现了文化认同的危机。为了在全球化中保持自我完整性和独立性，必须要构建以民族认同和国家认同为核心的文化认同，维护自我的文化身份，明确、正视并尊重自我与他者的差别。总之，文化认同、民族认同与国家认同三者紧密联系，构成一个有机整体。对于大学生来说，大学生对本民族文化的深层认同是中华民族和国家得以生存和发展的精神支柱。要鼓励大学生继承、弘扬、践行中国特色社会主义文化，向世界展现我们的文化底蕴和综合国力。

四、文化认同是建设社会主义文化强国的推动力量

文化认同可以从侧面反映一个国家的文化软实力，是建设文化强国的重要驱动力量。一个国家的文化是否具有对内的凝聚力和对外的吸引力，大学生文化认同是一个重要的衡量指标和支撑力量。一方面，只有大学生高度认同中国特色社会主义文化，才能形成中华民族对内的凝聚力，才能使社会主义核心价值观念形成共识，才能提供继承、发扬和创新文化的精神动力，也唯有这样才能丰富学生的精神文化生活，提升大

学生的整体人文素质。另一方面，大学生文化认同可以提高国家文化在世界文化中的吸引力。大学生正确的文化认同会增强大学生对自己民族文化的自豪感，培养对本民族文化的内部向心力，使大学生牢记自己作为中华民族一员的光荣使命，在对外文化交流中向世人展现中华儿女良好的个人素质和积极向上的精神面貌，向世界传播中国声音，树立中华民族的良好形象，从而提高中华文化在世界范围的吸引力。文化认同的这种对内凝聚力和对外吸引力结合在一起，就构成了国家文化在国内和国际上的竞争力。这种竞争力将是我国综合国力的重要体现，对于我们建设社会主义文化强国具有极为重要的意义。

第二章

大学生文化认同的机制

文化认同的机制，是指个体或群体在认可与接受某种文化的过程中，各种因素相互联系、相互制约、相互影响的结构关系，以及使各组成部分发挥更好作用的运行方式。从心理结构上来讲，大学生文化认同包括认知、情感、行为三个方面。根据形成与运行过程，大学生文化认同的机制可以分为外在机制与内在机制。

第一节　大学生文化认同的心理结构

《社会心理学词典》中指出，认同的结果可以使认识统一、情感融洽、行动一致①。大学生文化认同的心理结构包含认知、情感和行为②。文化认同的这三个要素紧密联系，在一定外界环境的影响下辩证运动、互相影响、均衡发展，最终达到内化于心、外化于行的目的。在大学生文化认同的内在形成过程中，包含认知、情感、行为等相互关联的阶段（见图3）。大学生在认知中国特色社会主义文化的基础上，将该文化纳入自己的价值体系，内化为自己的思想信念，最终在实践中践行文化思

---

① 费穗宇. 社会心理学词典 [M]. 石家庄：河北人民出版社，1988：45.
② 雍琳，万明刚. 影响藏族大学生藏、汉文化认同因素研究 [J]. 心理与行为研究，2003（3）：181－185.

想和文化模式，使文化认同得到进一步的固化。

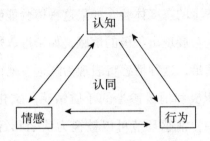

图3 大学生文化认同的心理结构

一、认知：大学生文化认同的基础和前提

认知是"人们获得知识或应用知识的过程，或信息加工的过程，这是人的最基本的心理过程，包括感觉、知觉、记忆、想象、思维和语言等"①。在认知过程的基础上，认同主体判断和评价认知客体间的本质联系，从而形成某种认同意识倾向。文化认同的这种判断和评价的基础和前提正是认知。在认知过程中，认同主体对认同客体的认知从感知、理解等感性层面逐渐上升为判断、评价等理性层面。感性认知是大学生文化认同最直接、最基础的阶段，大学生只有正确理解中国特色社会主义文化的内涵，并将之转化为自己的精神指引，才有可能在情感上和价值观上内化为自己的认同，并在实践中自觉地践行。要想使这种认知上升为个体的情感认同、价值认同和自觉行为，就要提高大学生对中国特色社会主义文化的认知，并将这种感性认知上升为理性认知。

二、情感：大学生文化认同的态度和体验

情感是人在接受外界输入的信息时产生的对事物喜怒哀乐的态度和

---

① 彭聃龄.普通心理学［M］.北京：北京师范大学出版社，2012：2.

体验。文化认同中的情感是指文化认同主体对认同客体是否符合自己的预设体系和需要而产生的态度体验。如果这种体验能够得到满足，文化认同的主体在态度上会展现出积极的情感，如亲近、热爱、信任等，反之如果体验得不到满足，这种情感将表现为疏远、憎恨、怀疑等消极的一面，或者表现为积极和消极参半的矛盾情感。文化认同的认知、情感、行为三个环节中，情感环节可以被视为认知和行为的中介心理环节。文化认同的主体在文化认知的基础上，对特定的文化产生心理上的共鸣和情感上的接受、肯定与依赖，从文化认同的客体中汲取文化营养、获得精神支持、陶冶个人情操、提升个人素质，从而在特定的文化中发掘自身存在的意义和价值，获得心理上的安全感和精神上的归属感。

一些消极的情感表现会对大学生的文化认同培育产生负面影响。例如，有些大学生在个性心理上具有比较强烈的青春期逆反心理特征，这种逆反心理常常会伴随着出现大学生情感上的"反感"情绪，不利于对他们进行正确的文化认同培育。逆反心理产生的原因主要有两方面，一方面是大学生正值生长发育的青春期，这个阶段心理发育不成熟，怀疑与叛逆是这一阶段的特质。另一方面则与教育者的教育内容和方法有关。如果教育者的教育内容比较单一、陈旧，教育方法简单粗暴或者说教味浓重，往往会诱发大学生的逆反心理，产生"反感"情绪，导致大学生对教育者的权威和教育内容的可信度产生质疑，或者仅仅表面接受教育内容，但无法形成真正的认同。与认知包括感性因素和理性因素不同，情感往往会对理性因素形成排斥。例如，当大学生处于逆反的情感状态中时，受"反感"情绪的干扰，大学生可能会拒绝原本能够接受的内容，或者接受原本不能接受的内容。了解大学生文化认同中的情感因素，有助于我们针对大学生的心理特点，在教育和引导上选择恰当的时间、场合、内容和方式，因势利导地实现文化认同培育的目标。

三、行为：大学生文化认同的实践和检验

文化认同中的行为是认知和情感的外在表现，也是文化认同的实践环节。在认同过程中，主体根据认知对象的内容来确定认同的目标，根据认知对象的规范来约束自己的行为。通俗地讲，大学生文化认同就是大学生在心理上认可与赞同中国特色社会主义文化，这种心理状态通常会激发出正面的、积极的情感，并最终成为大学生文化认同行为的动力。

在文化认同的认知、情感和行为三个层面中，如果大学生对中国特色社会主义文化的认同仅局限于认知和情感层面，只是在认识上了解和认可，在情感上信服和接受，这并不完整。要想实现真正的文化认同，必须要发挥文化认同的实践功能，也就是既要在思想上引领，又要在实践中检验。要将中国特色社会主义文化通过各种实践活动贯穿于大学生的日常学习与生活之中，内化为他们的理想信念和行为准则。对于大学生来说，可以通过文化实践活动来检验他们的认知，固化他们的情感和价值观。同时，大学生通过实践，可以对当代社会、自己的个人身份与社会定位、人与社会的关系、人与人之间的关系、人与自然之间的关系有更为深刻的了解，正确处理个人需求与时代需求、个人利益与集体利益之间的矛盾，培养社会责任感，积极为投身社会主义现代化建设而努力学习，从而达到文化认同中知、情、行的统一，使文化认同的这三个要素形成一个良性发展的循环。

综上所述，文化认同中的认知、情感、行为是一个完整的有机统一体。大学生文化认同是一个动态的、逐步推进的、多方面因素综合作用的过程。在这个过程中，大学生逐步取得对中国特色社会主义文化在

知、情、行上的内在统一，包括认识和情感上的一致，认知与行为上的一致，以及情感与行为上的一致。培育大学生文化认同，重点要做到知情行合一，认知是行为的先导，没有正确的认知，就难以产生正确的认同行为，难以产生真实并且正确的情感。大学生认知越全面、越深刻，就越有助于认知主体要求自己遵守认知对象的内容和规范，并将这种对自我主体的要求落实到实践行动上。同样，认同的情感越真实、越强烈，就越有可能成为一种强大的精神支柱驱动大学生的认同行为。更为重要的是，大学生的文化认同最终体现为行为上的践行，这既是对文化认知与文化情感的固化，也是文化认同在实践中的升华。

第二节 大学生文化认同的内在机制

大学生文化认同的内在机制是大学生从接触、认知、理解到接受中国特色社会主义文化，并将这种文化纳入自身意识的过程中发生作用的主观因素及其运行方式。内在机制包括动力产生、认知加工、反馈调节。

一、动力产生：大学生文化认同的需求与动力

人们认识活动和实践活动的原动力来自需要，马斯洛理论把需要分成生理的需要（physiological need）、安全需要（safety need）、归属和爱的需要（belongingness andlove need）、尊重的需要（esteem need）和自我实现的需要（self‐actualization need）五类，人的动机是在需要的基

础上产生的①。马克思认为："有完整的人的生命表现的人，他自己的实现表现为内在的必然性、表现为需要"②。也就是说，大学生自身的需求促使他们去追求价值观，去认同文化。某种文化是否能被大学生所接受和认同，以及这种接受和认同能达到什么程度，主要取决于这种文化是否符合他们的利益追求和行为期待。大学生是否能融入社会并产生社会归属感，也只有当他们对社会文化产生认同之后才能实现，这种选择过程是一种主动的选择。在心理上，大学生对文化选择的动力驱动主要来自两种需求：身份认同需求和文化需求。

第一，大学生身份认同的需要。

身份认同是大学生在青年时期所需要解决的重要问题。在青年时期，大学生从个体走向成熟，面对日趋复杂的社会环境，促使他们思考自己的人生价值与人生意义，审视自己的个人身份和社会定位，关注自己在他人眼中的形象，考虑自己对于未来的计划和未来发展的可能性。这一切都使他们通过与社会文化的互动，逐渐在思考和实践中建立起自己的身份认同。在这个互动过程中，由于大学生所处的社会环境处于不断的发展变化中，从而使得他们的身份也呈现出动态性。大学生通过"与他人、团体、规范、个体自身的过去现在和未来等进行匹配比较，从而建立自己的自我观"③。这种自我的观念可以使大学生获得一种群体内部的归属感，确立他们的社会角色或者在群体内部的角色定位，在群体内部形成一种凝聚力，并且可以通过凸显群体的特征，形成群体的独特风格，从而将他们自身与其他群体区分开来。

---

① 彭聃龄. 普通心理学［M］. 北京：北京师范大学出版社，2012：371－373.
② 马克思恩格斯全集（第42卷）［M］. 北京：人民出版社，1979：129.
③ 邓治文. 论文化认同的机制与取向［J］. 长沙理工大学学报（社会科学版），2005（2）：32.

第二，大学生的文化需求。

一种新的文化只有在满足大学生的某些需求时，才有可能被大学生所接受，大学生通常会根据自己的需求和利益是否得到满足来决定自己对于某种文化所持的态度，决定自己是否选择和接受某种文化。可以说，这种文化需求的满足是大学生文化认同的重要驱动力。马克思曾指出，"把人和社会联结起来的唯一纽带是天然必然性，是需要和私人利益"①。大学生由于年龄和社会因素的原因，对自身和周围世界具有其独特的兴趣，如果某种文化与他们的这种兴趣相契合，则这种文化才有可能被纳入大学生的价值观念体系，被大学生所认知、实践和内化。反之，如有某种文化无法引起他们的关注和兴趣，无法满足他们的文化需求，也无法使他们提高自己的综合人文素质，那么这种文化将难以被他们所接受，终将被排斥或遗弃。所以说，文化需求的满足是文化被大学生接受乃至认同的前提。

当然，我们必须认识到，大学生的需求在整体上是复杂的、动态发展的，有显性与隐性之分。有的大学生非常清楚自己的需求，有的则对自己的真实需求不甚了解，或者产生错误的了解。有的大学生的需求是健康的、有利于自身发展和社会进步的，有的则是比较盲目的，既缺少社会责任意识，也不利于自身的健康发展甚至有悖于社会规范。所以说，大学生的文化需求必须要得到一个积极的方向引领，指导他们养成正确的文化需求观念，认识到自身发展和社会发展之间的共同命运关系，认识到服务社会与实现自身价值之间的重要关系，认识到社会主义核心价值观对于自身行为的指导意义。只有这样，才能帮助大学生了解自己的深层次文化需求，树立正确的价值观，从而产生更高效、更持久

① 马克思恩格斯全集（第一卷）[M]．北京：人民出版社，1956：439.

的个人和社会发展的驱动力。

二、认知加工：大学生文化认同的输入与整合

认知加工主要包括信息编码、整合内化两个环节：

第一，信息编码。根据心理学家佩维奥（A. Paivio）提出的记忆的双重编码理论，"这一理论（双重编码理论）认为人的大脑中存在两个功能独立却又相互联系的加工系统：一个是以言语为基础的加工系统，专门用于处理语言对象；另一个是以意象为基础的加工系统，专门用于表征（represent）和处理非语言对象"①。这两个系统既相互独立，又相互联系，而且能相互激活。佩维奥在这个双重编码理论中提出了两个表征单元，即语言单元和图像单元。语言单元根据整体与部分的关系进行组织，适用于语言实体；图像单元则建立在联想与层级组织之上，适用于心理映像。根据该编码理论，以图解的方式呈现出的信息知识可视化大大提高，有利于信息的理解和接受，降低了认知过程中信息通道的认知负荷，提高了认知效率，加速了信息知识对认知个体的影响。

认知个体在处理新信息时，通常是先捕捉到认知客体的抽象特征，然后通过编码活动将这种抽象特征的信息转换为形象信息，最后储存在大脑中。大学生对文化信息的处理也是如此，即通过编码将文化的内容、逻辑线索等抽象信息转换为形象、生动的表征储存在大脑中。在之后的实践活动中，这些储存的信息可以根据需要随时进行提取和使用。在整个过程中，最容易被认知个体的大脑所表征并储存的信息通常是具体、形象的信息。换句话说，那些内容具体、形象鲜明、载体丰富的文化内容和形式更容易被认知个体所理解、存储和记忆。因此，言语系统

---

① 史忠植. 认知科学 [M]. 合肥：中国科学技术大学出版社，2008：256.

和意象系统的特点非常鲜明，言语系统的表征较为概念化、抽象化，而意象系统的表征则更为具体化、形象化。这两种系统是大学生进行文化信息编码的两种主要方式，也是大学生文化认同内化环节的重要途径。

第二，整合内化。社会心理学家凯尔曼（H. C. Kelman）认为态度的形成包括依从、认同和内化三个阶段①。认同的过程，就是个体的价值体系逐渐由量变到质变的过程。认同主体在思想、态度、情感和行为上认可、接受外来影响，接受新的价值体系。在认同过程中，当认同的个体吸收了新的价值体系之后，却发现新、旧两种价值体系产生激烈冲突，有可能会被迫打破原有的价值体系，对原有的认知结构进行重新组合，使之适应所认同的信息客体的性质与要求，这种现象就称为依从。大学生内在的文化认同体系就是在不断内化中重构的。进入他们大脑的零散的或者完整的文化信息通常不会以原生态的形式被接受，而是要么被加工和整合，要么被与原有的文化观念建立联系，要么经过比较之后被抛弃。这个内化阶段非常复杂，是一个连续螺旋上升的过程，具有多级反馈的特点，是变动性与稳定性、多段性与整体性的统一过程。大学生在处理文化认知的有关信息时，大脑并不是简单地对信息进行储存，而是会主动地对信息进行读取和识别，反复地对信息进行筛选和提炼，经过与原有的认知体系建立联系、进行对比、交互作用，构建出所认知信息的意义，从而形成新的认知信息并储存在大脑中以备提取和使用。这个新形成的认知，既不仅仅是新的或旧的信息内容，也不是二者简单地叠加，而是经过大脑整合和内化的文化信息，既包括新的信息内容，也带有原有的认知个体特征。

---

① 周晓虹. 现代社会心理学 [M]. 南京：江苏人民出版社，1991：231.

三、反馈调节：大学生文化认同的修正与强化

大学生的文化认同是共性和个性的复杂统一过程。在呈现出整体共性的同时，也会因为像意志、情感、信念、行为等方面的个人因素的影响而出现大量的个性和个体间的差异，这些个人因素尤其是心理因素对文化认同时刻发挥着调节作用。在全球化和多元文化的社会中，由于社会环境比较复杂，新、旧和内、外社会思潮交织影响，使得大学生对社会主义核心价值观的认知和实践经常会出现偏差。由此，有必要引导大学生培养正确的文化认同，发挥文化认同的反馈调节作用，帮助大学生在认知出现偏差时及时做出平衡与矫正。这种反馈调节主要包括四个环节：情感调节、意志调节、信念调节和行为强化。

（一）情感调节

情感是外部事物是否符合人的需要、愿望和观点而产生的主观的、内在的态度体验。在大学生文化认同过程中，情感调节并非是其中的一个独立环节，而是贯穿于整个认同过程之中，对其他环节起着重要的影响和调节作用。大学生在心理上尚未发展成熟，缺乏良好的内在自我调节能力，虽然他们在情感方面往往比较敏感，善于接受新生事物，喜欢挑战，但是又不太稳定，因此容易受到一些不正确言论的影响，在认知上出现偏差。大学生的这种心理和情感特点既表现在生活中也表现在文化认同中，如果某种文化能够引起自己的愉悦，满足自己的精神和文化需求，在自己心中产生共鸣，大学生就会倾向于接受和认同这种文化。相反，如果某种文化无法使自己产生心灵共鸣，无法满足自己的各种需求，他们通常会选择拒绝或者回避，或者虽然表面选择接受但内心抗拒。因此要正确引导大学生的文化认同，必须要在教育方式和沟通方式

上注意大学生的心理特点，在交流方式上尽量采用大学生通俗易懂的方式，以情化人，针对他们普遍关心的个人发展、情感、生活、就业等问题关注他们的困难和疑惑，在心理上引起他们的情感共鸣，从而达成文化上的共识，形成文化上的认同。

（二）意志调节

意志是人根据自己的既定目标，对自己的行动进行自觉调节并克服困难的心理过程。意志通常具有四个特点：自觉性、自制性、果断性和坚持性。首先是自觉性。大学生大多能自觉主动地制订自己的短期计划和长远规划，并在实践中践行计划，为实现目标而奋斗，面对实施计划的过程中出现的问题和挑战，他们通常能够主动做出自我调整，鼓励和督促自己努力实现目标。但是也有一些大学生存在着不同程度的惰性，意志力比较薄弱，在面对比较大的任务与困难时经常出现退缩和逃避。其次是自制性。随着知识的积累和经验的增加，很多大学生对于自身行为的意义能够拥有更好更深刻的认识，能够正视自身的优势和劣势，分析问题比较客观、全面，能够从实际出发而不是仅凭自己的个人喜好来解决问题。当然，也有一些大学生容易被个人情绪和外界因素所干扰，遇到困难时缺乏自信和毅力，在遇到挫折时经常选择放弃。再次是果断性。很多大学生做事充满自信，敢作敢为，在复杂的形势中能够保持头脑清醒，在全面分析、审时度势的基础上做出自己的选择和决定。有些大学生在挑战和挫折面前则比较犹豫和焦虑，瞻前顾后。最后是坚持性，大学生需要具有坚强的意志，不惧怕困难，不受各种诱惑的干扰，能够在复杂的环境中坚持自己的信仰和自己所认同的文化。意志对于大学生具有调控作用，使他们在出现问题时能够通过自我调节，以理性的态度去对待文化，坚持自己的信仰，全面客观地看待问题，避免走向极端化。反之，如果大学生缺乏坚强的意志，缺少了意志调节，在遇到困难时往往可能对文化认同产生怀疑，自己的信念和信仰可能会动摇甚至选择放弃。

（三）信念调节

信念是个体发自内心的对某种思想、价值观和道德规范的真诚信仰，信念、情感、意志、行动之间有着密切的联系。信念是情感与意志的统一，也是认知和行动的联系桥梁，在指导个体行动中发挥着重要作用。认知必须经过人的理性和人生经验的过滤，在情感和意志的统一作用下转化为信念，才能成为个体行动的指南。可以说，信念就是一种认知，这种认知可以被个体所理解，被个体情感所肯定，并为个体所坚持和固守。信念调节也是大学生文化认同反馈环节中的重要一环。通过信念调节，文化认同中的各种因素和各个环节都可以确保指向对文化价值观的接受和坚持。由于信念中融入了情感和意志等因素，因此这种对文化价值观念的指向可以在大学生主体心中产生发自内心的敬仰情感，从而将这些价值观念确定为自己学习、工作、生活的内在组成部分。总之，信念是指导和驱动大学生认知和行为的动力，信念调节是推进大学生接受中国特色社会主义文化并将之内化、固化的重要过程。

（四）行为强化

行为是个体在思想的操控与支配下表现出来的外在活动。影响行为的因素很多，不同的时间、地点、对象、环境都会使人类的行为呈现出不同的表现。总的来说，行为具有四个特点：自觉性、因果性、延续性和发展性。第一是自觉性。即个体的行为除了受到外界环境的影响之外，主要受到行为主体意识的操控，因而呈现出一定的自觉性。第二是因果性。任何个体的行为都不是孤立存在的，行为作为一种表象或者结果都是有其原因的，均由一定的动机所引发。第三是延续性。个体的行为不是一个单独的动作，而是一个与行为目标有密切联系的延续的过程，包括行为的形成、开展和消失阶段。行为形成于目标阶段，通常只有在达到目标之后，行为才会消失。第四是发展性。行为的出现既体现出个体思想和认识的发展与个体目标的调整，也体现出时代的变化与特征。为了与时代发展的步伐同步，行为个体需要不断地吸收新的知识，提高个人认识，强化个体行为模式。随着行为习惯的强化，大学生可以提高自身对社会历史、现状和未来规划的了解，增加对社会民生的关注，提升社会责任意识和政治生活参与度，更加勤奋地学习知识，提升个人素质，更好地投入到社会实践中去。

第三节　大学生文化认同的外在机制

大学生文化认同的外在机制是指大学生在接触、认知、了解中国特色社会主义文化的实践过程中，促使其接受该文化的外在因素的总和，以及这些外在因素的运行方式。在构成上，外在机制主要包括三个方面：教育、引导和规范。

一、教育：大学生文化认同的基本路径

作为文化认同外在机制的重要内容之一，教育对文化认同的形成、发展和内化具有极为重要的影响。教育是一种外部输入的手段，是大学生文化认同的基本路径，可以塑造大学生的价值观念，培养大学生养成正确的认知、真挚的情感和良好的行为习惯。教育通过多种方式的综合使用，例如文艺宣传、思想政治教育、文化教育等方式，使大学生逐步了解、接受、认同和实践中国特色社会主义文化。通过获得和接受教育，受教育者可以了解和认知自我，在对社会的观察与理解中掌握基本

的社会法律和道德规范，建立起科学的人生观、世界观和价值观，在了解、感受文化的基础上学习文化、运用文化，并最终创造新的文化。可以说，只有通过教育，文化认同才能形成、发展和固化。在现代社会中受多元文化环境的影响，教育的主体、教育体系、教学方式等也相应呈现出多样化特征，学校的系统化教育对于新时代大学生文化认同的形成和提升发挥着关键的作用。

在所有的教育层面包括社会教育、家庭教育、学校教育中，学校教育对大学生文化认同的影响最为直接，教育效果最明显，影响范围也最为广泛。作为社会规范性教育的重要场所，学校可以根据时代的要求和社会发展的需要，选择一定的符合目的的教育内容，通过有效的形式，多样的教育方法，在规定的时间内向受教育者进行知识传授、技能锻炼、价值观培养和思想品质塑造。

学校教育在大学生文化认同培育体系中是极为重要的环节。首先对于个体而言，包括文化价值、文化观念、人文素养、人生态度、世界观、道德规范等文化内涵要想一代代地传承下去，需要通过学校教育来引导大学生学习和传承文化内涵。其次对于社会而言，学校教育有助于在多元文化的社会环境中形成一种和谐的氛围，使具有不同文化背景的人们能够求同存异、互尊互助。新时代大学生在社会生活中，既受人类历史文化的影响，也受到现实文化的制约，处于一种双重制约的现状中。因此，大学生要通过学校教育的引导来了解、筛选和继承光大我们的优秀历史传统。只有通过教育，历史文化才能通过大学生传承下去。但是，面对社会所提供的各种精神食粮和文化财富，大学生并非是毫无保留地无条件地接受的。换言之，他们对文化的体验和创造具有一定的选择性。为了使大学生能够做出正确的选择，有必要通过教育使他们深刻认识中国特色社会主义文化的内涵，体验文化的魅力，树立正确的文化价值观念。同时，面对文化的冲突，通过长期系统的教育使他们具备批判思维能力和甄别是非的判断能力，从而形成良好的文化选择机制，并且在实践中巩固正确的文化内化机制。

二、引导：大学生文化认同的外在指引

文化认同的引导机制是指统治阶级通过所掌控的宣传工具和教育机构，引导其社会成员自发地接受、认可和践行社会的主流文化。在文化多元化的当今，不同的价值观并存甚至会相互冲突，这种情况下尤其需要我们通过对社会主义核心价值观的宣传，去引导和协调大学生的社会实践。必须警惕西方自由主义、享乐主义、拜金主义、利己主义等各种不健康思潮的泛滥对大学生造成的危害，必须坚持抵制这些错误思想和行为，以马克思主义为指导，在思想认识和实践上保持一致，在文化建设上为社会的和谐和稳定提供强有力的文化保障。

（一）大众传媒的引导

大众传媒是文化领域的重要环节，在全球传播的视野中建构和解构着文化，对于文化认同的生成和演进发挥着重要的作用。一方面，大众传媒的传播渠道、载体和内容打破了传统习俗的制约，影响着人们对自我、人生、社会乃至世界的认知。另一方面，大众传媒也在不断创造、建构着新的文化价值和文化意义。

在互联网技术构建的信息社会中，大众传媒是文化意义的建构手段和场所。大学生作为一个信息消费者，需要在大众传媒所创造的拟态环境（pseudo‑environment）中进行选择。在这种拟态环境中，大众传媒通过对信息的选择、操控和传播，构建了文化认同中的自我和他者，形成并加强了文化领域中的各种对立格局，例如古今、中西、雅俗、冲突

与融合等。这种情况下，大众传媒必须坚持正确的导向，坚持科学理论的传播，"用社会主义核心价值观和人类优秀文明成果滋润人心"①。只有这样，大学生才能澄清文化认同中的模糊认识，抵制糟粕文化的侵蚀，抵制不良文化的影响，从而形成正确的文化心理，妥善处理文化选择中的冲突与矛盾，形成正确的文化认同，养成良好的认知习惯。

通过对社会生活经验的建构，大众传媒使当今处于社会转型期的国人对于文化变迁形成了较为深刻的理解和较为准确的评估，使人们逐渐形成了对于自我和外在世界的新的认知，这在一定程度上促进了新时期文化认同的生成和扩散。例如，近年来热播的传播中国美食文化的纪录片《舌尖上的中国》很好地诠释了这一点。该节目让观众通过美食这个视角，感受到了美食后面所承载的中国的文化传统和社会变迁，这种共通感的传播最终形成的就是对中华优秀传统文化的民族认同感。

因此，大众传媒承担着教育和引导大学生的文化认同的作用。具体来说，大众传媒可以通过在社会上开展公开、透明、理性的分析和讨论，澄清是非，通过理论分析、案例分析、利弊分析等多种方式引导大学生理论联系实际，树立正确的立场和态度，坚持社会主义核心价值观引领的文化价值理念。在文化认同的内容与手段方式上，大众传媒可以尽量把握大学生的心理特点，从与大学生日常生活密切相关的文化现象和问题作为切入点，通过选取那些易于为大学生所理解和接受的手段和方式，使这些问题所反映的文化理念通俗易懂，以生动形象的方式为大学生所认知和接受。

（二）重大事件的引导

对于社会上和国际上一些影响力深、波及面广的重大事件，尤其是

---

① 中共中央文献研究室．习近平关于社会主义文化建设论述摘编［M］．北京：中央文献出版社，2017：50.

一些事关国家主权、尊严和利益的重大事件，既可以从大学生对此类事件的认知、态度和行为中了解大学生的文化认同状况，同时这些重大事件也会影响、改变甚至颠覆大学生的文化认同。重大事件经常具有突发性的特点，受突发事件的刺激，文化选择和文化认同的标准通常会让位于民族认同和政治认同，民族利益和政治利益被放在第一位。从近年来出现的重大事件（例如中美贸易冲突、奥运会、五四运动一百周年等国内重大事件）中可以看出，大学生对这类事件的关注度极高。在信息社会时代，由于传媒手段的多样化和便捷化，这些重大事件往往能够在短时间内迅速传播和放大，成为舆论的焦点。重大事件对大学生文化认同的影响因素，除了事件本身性质之外，"更取决于现实生活中的权力结构，特别是政治权力的拥有者的态度"①。政府对每一件重大事件的正确的、妥善的处理，都可以对社会尤其是年轻人传播一种正确的导向，能够使大学生增强理论自信、制度自信、道路自信和文化自信。

（三）社会思潮的引导

社会思潮是反映特定社会环境中人们的某种利益或诉求，并对社会生活产生较大影响的思想趋势或倾向。社会思潮对大学生文化认同也起着重要的影响和引导作用。首先，社会思潮对大学生能够发挥一定的教育功能。社会思潮来源于社会意识，是社会意识的某种特殊表现形式，是以不同学术派别的思想理论为基础对社会存在所做的形而上的思考，其涉及的内容非常广泛，涵盖了社会、经济、政治、文艺、宗教、伦理等各个领域。社会思潮对大学生会产生熏陶作用，可以开阔他们的文化认同视野，拓宽他们分析问题、解决问题的思路和能力。其次，社会思潮通常起源于知识分子，往往通过大学生为中介，最终传递到社会民众

---

① 陆玉林. 当代中国青年文化研究［M］. 北京：人民出版社，2009：216.

的认识和思想中，大学生是这种社会传播中的重要链接和中转环节。当前面对多元社会中的种种社会思潮，有的大学生由于甄别是非的能力不强，加上政治立场不够坚定，价值观取向不够正确，往往会在泥沙俱下的社会思潮冲击中迷失自己，怀疑和否定自己的文化身份，怀疑社会的主流价值观。因此，必须坚持对社会思潮的正确引领，坚持社会主义核心价值观的导向。作为大学生，在形形色色的社会思潮面前应当坚持批判性态度，保持清醒的认识，以正确的人生观、价值观作为自己认知和实践的出发点。

（四）榜样的示范引导

榜样是对他人具有示范作用和激励价值的个人或群体。首先，榜样在社会上具有示范价值，因为榜样的身上所具有的内在思想境界和外在行为实践，体现的不是其个人的特质，而是特定历史时期的某个阶级、政党或群体的价值观念和道德规范。作为时代的先锋和社会楷模，榜样是一种经常采用的、行之有效的教育载体，可以用来对社会成员进行社会价值观和道德规范教育，提高人们的认知水平，养成积极向上的精神风貌，引领社会思潮向积极、正面、正确的方向发展，培养整个社会养成良好的氛围和风气。近年来，榜样教育在各高校成为对大学生开展思想政治教育的重要载体。很多榜样模范的事迹通过"大学生年度人物""全国道德模范""感动中国年度人物"等活动在大学生群体乃至整个社会都产生了很大的反响，引发了广泛的关注，教育效果非常突出和有效。其次，榜样在社会上具有激励价值。对于榜样形象宣传的受众来说，这些榜样同普通人一样来自于生活，扎根于生活，其模范事迹能够拉近与普通民众的心理距离，与他们产生一种心理共通感，其高尚的道德境界、情操和行为更具有示范性和可效仿性。因此，这种在身边的普通百姓中和平凡生活中树立出的榜样形象更易于对人们产生一种激励作用，更易于被他们所参照和模仿。榜样的事迹和类型多种多样，有的是奋发自强型的，有的是见义勇为型的，有的是自主创业型的，有的是刻苦钻研型的，根据教育的目的和大学生的不同特点，可以选择某种类型的榜样做重点宣传，使大学生可以从周围的人包括老师和同学中找到值得学习和效仿的典范，从他们的高尚道德情操中受到激励，以他们为镜子帮助自己树立正确的人生观和价值观，树立远大的人生理想。

三、规范：大学生文化认同的方向保障

规范机制是大学生文化认同正确方向的保障。规范机制是统治机构按照法律和法规，运用命令、条例、纪律、指示、制度等约束形式，通过社会权威和强制手段在全社会强制贯彻、执行统治阶级的思想意识形态。"正如马克思所指出的，历史是对人类生存条件的不断改造，即使社会主义社会也是如此。因而人类必须不断改造自己，以适应这些条件。这种'适应'不能放任自由，而应该始终有人来负责、指导和监督"①。规范机制对社会成员具有强制力，在文化认同上亦是如此。这种强制力既体现在极端情况下的刑罚上，更主要体现在一种心理的压力上。任何不认同社会主流价值观、不遵守社会价值规范的社会成员，都会受到周围其他社会成员的议论、批评和谴责。

（一）社会制度的确认与强化

社会制度包括政治制度、经济制度和法律制度，是特定历史时期所形成的相对稳定的规范体系，是社会规范机制的重要组成部分，对社会文化的发展既起着引领和规范作用，同时对社会的文化发展具有限制功

---

① ［法］路易·阿尔都塞. 保卫马克思［M］. 顾良，译. 北京：商务印书馆，2016：203.

能。"文化作为人的主导性的生存方式，作为社会和历史运动的内在机理，无论它的存在还是它的变迁，都是社会发展和历史运动不可忽略的重要内涵"①。"经济运行和政治体制所遇到的问题实质上并不是具体的经济和政治问题，而是深层的文化机制问题"②。因此，文化认同与社会制度存在密切的联系，社会制度为文化认同的提供规范动力，文化认同需要社会制度的确认和强化。大学生个体之间存在着诸多差异，具体表现在家庭背景、教育背景、心理特质、思想认识等方面，从而使大学生即使在同一种文化氛围中也会产生认识和理解上的差异，这种差异在特定状态下可以表现为认同与不认同的极端区别。在这种情况下，必须发挥社会制度的基本约束功能，教育、督促乃至强制社会群体认同社会主流文化，将文化差异在文化认同中的负面影响降低到最低程度。

（二）文化模式的规范作用

"文化模式是特定民族或特定时代人们普遍认同的，由内在的民族精神或时代精神、价值取向、习俗、伦理规范等构成的相对稳定的行为方式，或者说是基本的生存方式或样法"③。作为一种强制性的规范力量，文化模式形成于特定的历史时期和特定的社会环境中，当这种模式在社会生活中上升为主导地位时，就会对社会群体成员的文化认同产生重要的规约作用。文化模式给人的行为提供根据并赋予意义，其对人的规约作用是在不知不觉、潜移默化中进行的。文化模式的这种制约对于大学生的文化认同是一种内在的制约，通过这种社会文化的约束和教育，使大学生学习社会道德规范，认知、了解并内化文化价值观念的各种外化形式，尤其是认同中国特色社会主义文化，使大学生理解认识自

---

① 衣俊卿．文化哲学十五讲（第二版）［M］．北京：北京大学出版社，2015：38.
② 衣俊卿．文化哲学十五讲（第二版）［M］．北京：北京大学出版社，2015：40.
③ 衣俊卿．论哲学视野中的文化模式［J］．北方论丛，2001（1）：4.

身，了解"我是谁"，"我在哪儿"，以及"我去向何方"，明确自己的文化身份和历史使命，成为社会主义现代化建设的有用人才。

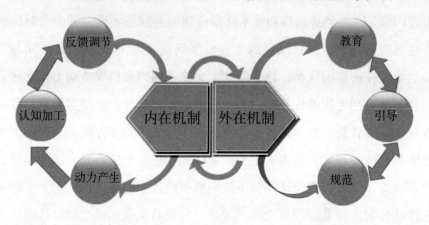

图4 大学生文化认同内在、外在机制示意图

综上所述，大学生文化认同的心理机制可以分为内在机制和外在机制（见图4所示），其中内在机制包括动力产生、认知加工、反馈调节三个环节，是大学生文化认同在个人层面的体现；外在机制包括教育、引导、规范三个方面，这三个方面互相制约，相互促进，形成一个双向的循环，成为社会属性在文化认同中的集中体现。大学生的文化认同，正是在内在机制与外在机制的综合作用下产生的，并随着这两种机制的互动关系而处于动态的发展之中。

第三章

新时代大学生文化认同的主要内容

十九大报告中指出："中国特色社会主义文化，源自于中华民族五千多年文明历史所孕育的中华优秀传统文化，熔铸于党领导人民在革命、建设、改革中创造的革命文化和社会主义先进文化，植根于中国特色社会主义伟大实践。"① 中共中央、国务院在 2017 年《关于加强和改进新形势下高校思想政治工作的意见》中明确指出："要弘扬中华优秀传统文化和革命文化、社会主义先进文化，实施中华文化传承工程，推动中华优秀传统文化融入教育教学，加强革命文化和社会主义先进文化教育"②。因此，在中国特色社会主义进入新时代的历史形势下，新时代大学生文化认同的客体是中国特色社会主义文化，具体包括三个方面：中华优秀传统文化、革命文化、社会主义先进文化。

第一节　中华优秀传统文化

中华民族传统文化是由中华民族所创造，经过几千年的中华文明演

---

① 习近平．决胜全面建成小康社会 夺取新时代中国特色社会主义伟大胜利——在中国共产党第十九次全国代表大会上的报告［M］．北京：人民出版社，2017：41.
② 中共中央国务院印发《关于加强和改进新形势下高校思想政治工作的意见》［N］．人民日报，2017 - 02 - 28（1）.

化而汇集，内涵博大精深，为中华民族世代所继承发展，反映着中华民族的民族特质和风貌。中华民族传统文化既有其精华也有其糟粕，我们今天所要继承和发扬的，是中华民族传统文化的精华，即中华优秀传统文化，是文化自信的重要源泉。教育部于2014年发布了《完善中华优秀传统文化教育指导纲要》，其中明确提出："中华优秀传统文化是中华民族语言习惯、文化传统、思想观念、情感认同的集中体现，凝聚着中华民族普遍认同和广泛接受的道德规范、思想品格和价值取向，具有极为丰富的思想内涵"①。

习近平总书记对中华优秀传统文化高度重视，多次强调中华优秀传统文化对提高国家软实力的重要作用。2017年中共中央办公厅、国务院办公厅印发的《关于实施中华优秀传统文化传承发展工程的意见》，"要求大学生要不断学习和弘扬中华优秀传统文化中的核心思想理念，如讲仁爱、重民本、守诚信、崇正义、尚和合、求大同等"②；弘扬中华传统美德，"如天下兴亡，匹夫有责的担当意识，精忠报国、振兴中华的爱国情怀，崇德向善、见贤思齐的社会风尚，孝悌忠信、礼义廉耻的荣辱观念"③；传承中华人文精神，"如求同存异、和而不同的处世方法，文以载道、以文化人的教化思想，形神兼备、情景交融的美学追求，俭约自守、中和泰和的生活理念"④。新时代大学生对中华优秀传统文化的认同，就是要学习其核心思想理念、弘扬中华传统美德、传承

---

① 教育部思想政治司. 加强和改进大学生思想政治教育重要文献选编（1978—2014）[M]. 北京：知识产权出版社，2015：670.

② 中共中央办公厅、国务院办公厅印发《关于实施中华优秀传统文化传承发展工程的意见》[N]. 人民日报，2017-01-26（6）.

③ 中共中央办公厅、国务院办公厅印发《关于实施中华优秀传统文化传承发展工程的意见》[N]. 人民日报，2017-01-26（6）.

④ 中共中央办公厅、国务院办公厅印发《关于实施中华优秀传统文化传承发展工程的意见》[N]. 人民日报，2017-01-26（6）.

中华人文精神（见图5）。

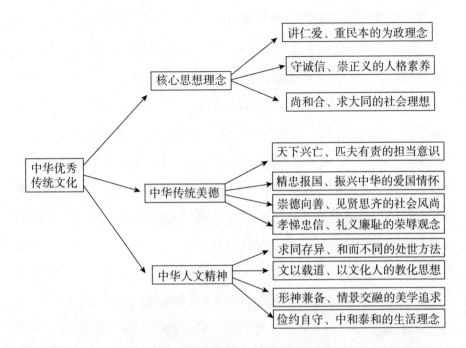

图5 中华优秀传统文化的内容

一、核心思想理念：中华优秀传统文化的"根"与"魂"

2014年，习近平总书记在中共中央政治局第十三次集体学习时提出"要认真汲取中华优秀传统文化的思想精华和道德精髓，深入挖掘和阐发中华优秀传统文化讲仁爱、重民本、守诚信、崇正义、尚和合、求大同的时代价值，使中华优秀传统文化成为涵养社会主义核心价值观的重要源泉"[①]。中华优秀传统文化核心思想理念是中华优秀传统文化的"根"与"魂"，主要包括三个方面：讲仁爱、重民本的为政理念，

---

① 习近平谈治国理政 [M]．北京：外文出版社，2014：164.

守诚信、崇正义的人格素养，尚和合、求大同的社会理想①。

第一，讲仁爱、重民本的为政理念。

"仁爱"是中华优秀传统文化最核心的思想理念，指的是人与人之间的同情、关心、友爱和关爱，是对人和物的真挚情感，是一种含义极广的道德规范。儒家的"仁"具有三个基本的精神性要素：情感、理性和意志。首先，"仁"是人与人相爱的先天情感。《论语·颜渊》载："樊迟问仁。子曰：爱人。"孔子指出，"仁"是一种爱人的情感，具有血缘关系的人之间的相爱，是仁爱情感确立的根本，同时人的社会本能和先天情感也具有普遍性。其次，"仁"是一种道德理性，这种道德理性源自人通过情感实现的社会交往理性。孔子所提倡的"仁"作为道德主体之间推己及人的推理就是一种社会交往理性。再次，"仁"也是人主动实践的道德意志，反映了人的内在情感需求和理性需求。

新时代的"仁爱"精神在传统的"仁者爱人"和"推己及人"理念基础上加入了现代的平等观念，创新性地给"仁爱"思想赋予了新的时代意义。现代意义上的"仁爱"精神，不仅从爱家人、爱亲人推广到爱他人，而且推广到爱祖国、爱人民、爱自然。仁爱精神既符合当今构建和谐社会的要求，也成为建设社会主义现代化强国进程中培育高尚道德素养的重要内容。仁爱精神成为中国社会不断发展进步的重要传统美德，也成为新时代大学生文化认同的重要内容之一。

"民本"与"仁爱"有着密不可分的关系。孔子的"仁爱"思想可以看作是民本思想的重要体现。孟子提出了以民为本的统治理念，指出统治者要想实施真正的仁政，其统治行为必须符合民众的意愿和利益。中国传统民本思想的基本内容主要体现在政治、经济和文化等三个

---

① 习近平谈治国理政［M］. 北京：外文出版社，2014：164.

方面，即在政治上顺民德民，在经济上利民富民，在文化上教民化民。总的来说，中国传统文化中的民本思想代表了中国古代文化的精华之一，它强调了人民在国家政治体系中的重要地位，有效地发挥了约束政治权力、维护社会秩序和国家稳定等方面的重要作用。民本思想所包含的诸多内容不仅有利于构建社会主义和谐社会，更有利于国家的富强、民族的发展和社会的进步。如今，中国传统的民本思想已经深刻地反映在治国理政中，经过创造性地批判和继承，在治国理政的实践中突出了"以人民为中心"的发展思想。正如习近平所指出的："得民心者得天下，失民心者失天下，人民拥护和支持是党执政最牢固的根基"①。讲仁爱、重民本的为政理念既是体现中华民族智慧的治国之道，也是中国人自古以来的为人处世之道，它吸收了传统文化中"仁爱"与"民本"思想的积极合理成分，同时又摒弃了其中的消极思想，同传统意义相比体现出了更强的责任感和道德感。

第二，守诚信、崇正义的人格素养。

"诚信"是中华优秀传统文化中的重要理念，包括"诚"与"信"两个方面。《中庸》中对"诚"的记载是"诚者物之始终，不诚无物。"对"信"的记载始于《尚书》中的"尔无不信，朕不食言。"后来董仲舒将"信"列为"仁义礼智信"五常之一。"诚"与"信"都有真实、诚实不欺之意，"诚"侧重内心修养，指的是真诚、忠实；"信"则侧重为人的准则，指守信、信任。在传统文化中，诚信被视为重要的精神追求和行为规范，只有在诚信的环境中社会生活才能规范有序，社会氛围才能和谐平和。诚信的基本要求是做到不欺人、不自欺。与诚信原则紧密联系的是"慎独"思想，意为一个人即使在独处的时候也要自觉

---

① 习近平谈治国理政［M］．北京：外文出版社，2014：368.

恪守社会道德准则，遵循自己的良知。诚信既是为人之本，也是立国之本，直到今天仍是需要大力弘扬的美德。诚信是执政者得民心、安社稷的重要法宝，只有社会上下做到诚信，良好的社会风气以及和谐的人际关系才能形成，社会的稳定团结和国家的长治久安才能实现。

中国传统文化中的"正义"思想基础是"义"，前者是对后者的进一步发展。《荀子》中记载："不学问，无正义，以富利为隆，是者也。"《韩诗外传》（卷五）中也提到"耳不闻学，行无正义"。这里的"正义"指的是正确的"义"，这种"正义"与"义"的结合，是中国传统"正义"思想的最大特征，也是现代"正义"的本质含义。"正义"是传统价值观对人生的终极目标和基本价值的思考，是判断是非善恶的标准。当代"正义"的理念与社会主义核心价值观倡导的平等、公正等理念一脉相承，已经成为国家与人民的道德追求。习近平对同正义观有直接关系的义利观做过精辟的论述："义，反映的是我们的一个理念，共产党人、社会主义国家的理念……利，就是要恪守互利共赢原则，不搞我赢你输，要实现双赢"①。现代社会提倡守诚信、崇正义人格素养是非常有必要的。

第三，尚和合、求大同的社会理想。

在中华民族历史中，"和合"理念一直贯穿于中华文化发展过程中。"尚和合"是中华优秀传统文化的精髓之一，"和"指的是和谐、和平、中和，"合"指的是汇合、融合。和合精神是中华民族数千年来追求的一种重要价值理念，以"和合"为体认和处理人际、家庭、自然、社会、民族、国家之间关系的指导思想。中国"和"文化源远流

---

① 王毅. 坚持正确义利观 积极发挥负责任大国作用［N］. 人民日报，2013 - 09 - 10（7）.

长，中华民族历来崇尚和平，与中华文化对"和合"的推崇有密切的关系。习近平总书记把握时代发展的脉络，顺应和平与发展的时代主题，对中华"和"文化的内涵做了深入发掘和阐释，将其提升为处理个体与群体之间、国家与国家之间、自然与社会之间关系的指导原则，认为中华民族一直追求和传承着和平、和睦、和谐的理念，以和为贵，与人为善，己所不欲，勿施于人等理念在中国深入人心，体现在中国人的精神和行为中。现在，"和合"文化具有重要的时代价值，它是培育和发扬社会主义核心价值观的重要源泉，是实现人与自然和谐相处的重要思想来源，也是推进社会和谐氛围的重要保障。

"大同"一词始见于《礼记·礼运》中孔子对理想社会的描述，包括社会所有制与政治目的上的"天下为公"，人事制度上的"选贤与能"，精神文明建设上的"讲信修睦"，以及物质文明建设上的"使老有所终，壮有所用，幼有所长，鳏、寡、孤、独、废、疾者，皆有所养"。自从问世以来，"大同"社会成为历代炎黄子孙孜孜以求的美好境界，"大同"思想反映了中华民族对理想社会的理解与憧憬。在当今，"大同"有了时代赋予的新的内涵，其核心思想也体现在对世界大同目标的追求上，如"一带一路"倡议以及互惠互利合作共赢的理念等，这些智慧都是在古代先哲思想精华基础上的新的创造，是中华文化中的"大同"思想在新时代的发展。

二、中华传统美德：中华优秀传统文化的"形"与"神"

美德是源自人内心深处的至真至善至美的人性，是一种积极的生活涵养，是一种从内而外产生的道德力量。美德产生于人在处理人与人之间关系、社会与人的关系、自然与人的关系的社会实践中，是社会伦理道德智慧的结晶，也是一种社会大众所推崇的高尚道德品质与行为。中华传统美德，是指中华各族人民所创立且传承下来的高尚道德品质的总称，其内涵具有时代价值，处于不断的创新发展之中。中华传统美德是中华优秀传统文化的重要内容之一，代表着中华优秀传统文化的"形"与"神"。

为了进一步加强新形势下中华优秀传统文化教育，教育部于2017年发布的《关于实施中华优秀传统文化传承发展工程的意见》中指出，"中华优秀传统文化蕴含着丰富的道德理念和规范，如天下兴亡、匹夫有责的担当意识，精忠报国、振兴中华的爱国情怀，崇德向善、见贤思齐的社会风尚，孝悌忠信、礼义廉耻的荣辱观念，体现着评判是非曲直的价值标准，潜移默化地影响着中国人的行为方式。传承发展中华优秀传统文化，就要大力弘扬自强不息、敬业乐群、扶危济困、见义勇为、孝老爱亲等中华传统美德"①。

第一是天下兴亡、匹夫有责的担当意识。习近平总书记在历次讲话中多次引用"天下兴亡，匹夫有责"这句古语。在纪念中国人民抗日战争暨世界反法西斯战争胜利69周年座谈会上，习总书记强调："在中国人民抗日战争的壮阔进程中，形成了伟大的抗战精神，中国人民向世界展示了天下兴亡、匹夫有责的爱国情怀，视死如归、宁死不屈的民族气节，不畏强暴、血战到底的英雄气概，百折不挠、坚忍不拔的必胜信念"②。天下兴亡，匹夫有责体现的是一种担当意识，是一种敢于负责、能够负责的担当精神。青年大学生是一个国家的未来和希望，他们的强与弱将决定一个国家未来的兴与衰，因此培养他们的担当意识，是

---

① 中共中央办公厅、国务院办公厅《关于实施中华优秀传统文化传承发展工程的意见》[N].人民日报，2017 – 01 – 26 (6).

② 在纪念中国人民抗日战争暨世界反法西斯战争胜利69周年座谈会上的讲话 [N].人民日报，2014 – 09 – 04 (2).

当前高校思想政治教育工作的首要任务，也是新时代大学生文化认同的重要内容之一。

第二是精忠报国、振兴中华的爱国情怀。爱国情怀是中国优秀传统道德的核心价值，是中华民族自强不息发愤图强的精神动力，是深深植根于人们心中的最为朴素、高尚、神圣的情感。"爱国主义是中华民族精神的核心。爱国主义精神深深植根于中华儿女心中，是中华民族的精神基因，维系着华夏大地上各个民族的团结统一，激励着一代又一代中华儿女为祖国发展繁荣而不懈奋斗"①。正是这种精神的高扬，使中华民族崛起自立于世界的民族之林。培养大学生的爱国主义情怀，是社会主义精神文明建设以及高校思想政治教育工作的重要内容与目标。

第三是崇德向善、见贤思齐的社会风尚。崇德向善是贯穿中国优秀传统文化的精髓，崇德就是对社会道德的崇尚和敬畏，道德的本质并不是一个静态的组合体，对道德的推崇随着时代的进步而不断发展。向善不仅是指心地仁爱，品质质朴，善良包容，更是指善于将优秀的品质内化于心，并转化为长期的身体力行。在孔子的思想体系中，"崇德"是修身三部曲（另两个是"修慝"和"辨惑"）中的重要阶段，子曰："善哉问！先事后得，非崇德与？攻其恶，无攻人之恶，非修慝与？一朝之忿，忘其身，以及其亲，非惑与？"（《论语·颜渊》）从中我们也可以看到崇德向善的不同层次。在当代，我们可以将"崇德向善"概括为敬畏道德，向往善行，在现实社会践行优秀品德。作为大学生，要提高自己的人文修养，净化自己的精神世界，就必须有正确的道德衡量标准和为人处世的原则。

---

① 习近平在中共中央政治局第二十九次集体学习时强调大力弘扬伟大爱国主义精神 为实现中国梦提供精神支柱［N］．人民日报，2015－12－31（1）．

　　第四是孝悌忠信、礼义廉耻的荣辱观念。儒家的孝悌观念最早见于《论语·学而》，"君子务本，本立而道生。孝弟也者，其为仁之本与！"孝和悌（弟通悌）被视为"仁"的根本。宋代理学家朱熹将这种荣辱观念概括为孝悌忠信礼义廉耻，被称为"朱子八德"，成为儒学的精髓，也是中国古人做人的基本道德。这种荣辱观念体现了一种深植于人性之中的常道，如果每个公民都能以孝悌忠信为本，做到诚信、友善、敬业，那么必然家庭和谐，社会祥和。这同时也体现出了中国传统美德中的家国情怀，家庭是国家最基本也是最重要的单元，在我们的文化传统中，自古家国并称，以国为家，爱家如爱国，爱国如爱家。

　　中华传统美德内涵丰富，是中华民族的重要精神财富，也是社会主义核心价值观和中国特色社会主义道德体系的重要源泉。大学生在继承和弘扬中华传统美德时，需要处理好继承和发展的关系，充分挖掘中华传统美德中所蕴含的丰富的思想道德资源，在批判继承的基础上推陈创新，弘扬中华传统美德，将中华传统美德转化为中华民族的文化软实力。

　　大学生是祖国的未来，民族的希望。加强大学生的传统美德认同教育，弘扬中华传统美德，有利于提高大学生的思想道德素质，从而促进大学生综合素质尤其是人文素质的提升。同时，我们应当充分利用中华传统美德中所蕴含的丰富的思想道德教育资源，加强对大学生的中华传统美德认同教育，有效地提升高校德育工作的质量与水平。

三、中华人文精神：中华优秀传统文化的"血"与"脉"

　　中华人文精神的内容非常丰富，是中华优秀传统文化的"血"与"脉"。首先体现在一种求同存异、和而不同的为人处世方法。求同存异指的是在出现矛盾或分歧时找出共同点，保留不同意见。和而不同出自《论语·子路》："君子和而不同，小人同而不和。"在历史上，求同存异与和而不同相互交织，对中国的各个领域包括政治、思想、外交等都产生了广泛和深远的影响。在今天，"求同存异、和而不同"仍然具有旺盛的生命力，已经成为我们处理党内和人民内部矛盾的基本方法。中国共产党领导下的多党合作与政治协商制度、和平共处五项原则、"一带一路"重大倡议等都是"求同存异、和而不同"理念和方法的当代体现和创新发展。

第二是文以载道、以文化人的教化思想。古代中国人历来重视文化对个人和社会的传道、教化作用。文化中的"文"是指文字、文章、曲调、礼乐等；"化"意为"教行"，指人因为接受道业而变化。因此合用的"文化"指的是通过文字、文章、曲调、礼乐等文艺形式改变人的气质，提升人们的素质。道德教育与文化教育产生了中华优秀传统文化中以文化人的教化思想。"诗言志""文以载道""以道得民"等都是这种思想的具体体现。任何社会的价值理念都是通过文化承载而来，作为当代中国文化凝聚力的社会主义核心价值观也是形成于长期的革命、建设和改革实践中，并最终凝聚为全面建成小康社会的强大精神动力。

第三是形神兼备、情景交融的美学追求。在美学追求方面，中国人将内在与外在、内容与形式、意象与意境、景象与情感紧密地联系在一起，形成了形神兼备、情景交融的中华美学追求。在审美观念上追求"韵外之致"的境界，追求通过艺术创作出给人无限想象空间的意境，这种意境余韵悠长，其深意远远超过了它所呈现出的形式和造型本身。在审美中，人们看到的是具象，但给人以比具象更多的想象和联想，这种对"象外之象""境外之境"的追求，不仅仅是艺术的追求，也是人生的追求。《论语·先进》中说，"浴乎沂，风乎舞雩，咏而归"，这种人生态度，既是对审美的追求，也是对自由生活的向往和追求。

第四是俭约自守、中和泰和的生活理念。中华民族是勤劳质朴的民族，勤俭节约自古以来就是中华优秀传统文化中的核心理念之一，诸葛亮在其家书《诫子书》中对子女教诲道："静以修身，俭以养德"，《朱子治家格言》中也说："一粥一饭，当思来处不易；半丝半缕，恒念物力维艰。"在中华优秀传统文化中，"中和泰和"与"和合"的思想一脉相承，指的是人与外部世界和谐共处的美好憧憬，以及人与人之间互助互惠的生活理念，是"中庸""和合"思想在生活理念中的集中体现。

大学生作为炎黄子孙，作为新时代的接班人，在文化传承上首先要全面认识中华优秀传统文化，取其精华，去其糟粕，在坚持民族性的同时体现时代性，使中华传统文化与当代社会和现代文明相互适应，相互协调。其次是传承和弘扬中华优秀传统文化的核心思想理念，弘扬中华传统美德，传承中华人文精神，树立正确的文化认同观。大学生应清楚地认识到中华优秀传统文化的重要性，认识到自己所肩负的历史使命，对于有着几千年历史的中华优秀传统文化，不仅有义务通过文化学习和各种实践活动去延续文化和传承文化，更有义务在世界文化场域中发扬光大。

第二节 革命文化

革命文化形成于革命战争年代，是中国共产党领导中国人民在革命斗争实践中形成的文化结晶。"革命文化"一词最早由瞿秋白于1923年6月在《东方文化与世界革命》一文中提出。19世纪40年代初，毛泽东在《新民主主义论》中立足中国革命实际，集中对革命文化进行了阐释，"革命文化，对于人民大众，是革命的有力武器。革命文化，在革命前，是革命的思想准备；在革命中，是革命总战线中的一条必要和重要的战线"①。之后，伴随中国共产党的力量在革命中日益壮大，革命文化内容也不断丰富，革命文化价值不断彰显，革命文化在文化体系中的地位也不断加强和巩固，到中华人民共和国成立之时，革命文化已经由民主革命时期的边缘文化、区域文化逐渐成为社会主义社会的主导文化。

革命文化承载了20世纪广大中国人民在中国共产党领导下保家卫国、救亡图存的历史记忆，凝聚着中华优秀传统文化、中国共产党的革命思想以及中国人民群众的革命精神风貌。革命文化既植根于中华优秀传统文化，与中华优秀传统文化有着千丝万缕的联系，同时也成为社会主义先进文化的直接营养来源。革命文化包括革命精神、革命道德和革命理论，是高校思想政治教育的重要内容，也是新时代大学生文化认同的重要内容。

一、革命精神：革命文化的精神滋养

中国革命精神"体现了中国共产党人坚定的理想信念、科学的路径选择、辩证的思想品质、创新的风格特色，是共产党人传承中华民族精神和实践发展马克思主义的生动表现，反映了共产党人对中国思想史和中华民族精神的丰富与发展，体现了从毛泽东到习近平等领袖人物的重大思想理论贡献"②。革命精神内容丰富，而且随着时代的发展而不

---

① 毛泽东选集（第二卷）［M］. 北京：人民出版社，1991：708.
② 丁德科，王昌民. 红色精神百年史述论［J］. 渭南师范学院学报，2016（20）：5.

断地丰富和壮大。现在较为耳熟能详的革命精神有："红船精神、井冈山精神、苏区精神、长征精神、延安精神、抗战精神、西柏坡精神等革命精神"①。

革命精神是中华民族伟大复兴历史进程中文化实践的重大精神成果。中国共产党革命精神的指导思想、政治信仰、价值追求、文化品格、实践基础等，都内在表达了中华民族复兴梦的内涵与追求；中国革命精神与社会主义核心价值观在指导思想上同宗同根，在内涵上一脉相承，在价值思想上相互交融，构成中国特色社会主义新时代的精神文化根基。践行社会主义核心价值观、加强党的先进性、纯洁性建设和执政文化建设，以及筑牢人民军队"军魂"，无不以这种精神文化根基作为基础。中国革命精神已经成为当代培育和弘扬中国精神、凝聚中国力量、提升中国文化软实力的精神力量源泉。

革命精神的培育和继承是革命文化传承的根本价值所在。"不畏难，不怕死，为共产主义而牺牲"的井冈山精神，"坚持信念，坚忍不拔，逆境奋斗，乐观向上"的长征精神，"实事求是，自力更生，艰苦奋斗"的延安精神，这些革命精神是具有中国特色的宝贵精神财富，是高校爱国主义教育的重要内容，也是新时代大学生革命文化认同的重要文化资源。

二、革命道德：革命文化的价值取向

中国革命道德是马克思主义道德学说与中国革命实践和社会主义建设实践有机结合的产物，是对中国传统道德体系的继承、发展、创新和

---

① 刘建军，张韬喆．坚定文化自信 加强革命精神研究［J］．中国高等教育，2018（19）：43.

升华。在概念描述上，中国革命道德是指"中国共产党人、人民军队、一切先进分子和人民群众在中国革命、建设、改革中所形成的优秀道德，是马克思主义与中国革命、建设、改革的伟大实践相结合的产物，是中华民族极其宝贵的道德财富"①。

中国革命道德产生于中国新民主主义革命的实践，代表了中国共产党员高尚的思想品质和崇高的精神面貌，有别于历史上的任何一种道德体系，内涵丰富，与时俱进。中国革命道德以全心全意为人民服务作为其宗旨和核心，以集体主义为其基本原则和价值导向，坚持爱国主义与国际主义相结合，其发展方向和终极目标是实现社会主义和共产主义的崇高理想。中国革命道德体系内容极为丰富，例如热爱人民、无私奉献、坚忍不拔、艰苦奋斗等优秀品质都是中国革命道德在实践和认识中的具体表现。

中国革命道德与中华民族优秀传统道德有着千丝万缕的联系。中华民族优秀传统道德为中国革命道德提供了精神营养，其内涵与发展在很大程度上促进了中国革命道德的成熟与发展，而中国人民在共产党领导下对中华民族优秀传统道德的继承与创新，也进一步促进了中国革命道德的发展与创新。中国革命道德传统与社会主义道德和共产主义道德也息息相关，集中体现了其二者的主要内容和发展方向。因此，无论在中国新民主主义革命的实践中，还是在当代建设社会主义强国的过程中，都应当在广大群众包括大学生群体中广泛宣传和提倡中国革命道德传统的继承与发展。

全心全意为人民服务是中国革命道德的核心。建构中国革命道德，实践中国革命道德，其实质就是在中国革命实践和社会主义建设实践中

---

① 思想道德修养与法律基础（2018 年版）[M]．北京：高等教育出版社，2018：100．

坚持全心全意为人民服务的原则。全心全意为人民服务是中国革命道德的出发点、终极目标和本质属性，是中国革命事业的价值所在。"全心全意为人民服务作为贯穿中国革命道德始终的一根红线，中国共产党在中国革命实践中的一个伟大创造，对中国的革命、建设、改革事业，产生了极其重大的推动作用"①。在今天社会主义现代化建设的进程中，全心全意为人民服务的精神仍然会发挥巨大的作用。

集体主义是中国革命道德的重要原则与规范。毛泽东曾指出："以革命利益为第一生命，以个人利益服从革命利益"②。个人利益必须服从集体利益，没有集体利益，就难以保证个人利益的实现。对集体利益和国家利益的维护，实质就是对革命利益的实现。而要维护集体利益，就要以集体主义为原则，满足广大人民的利益，从而实现个人利益的最大化。正是因为强调了集体主义，强调了大多数人的利益，中国革命道德才显示出强大的生命力，才形成建设社会主义事业的强大民族凝聚力。

在社会主义现代化建设征程中，坚持四个自信，坚持走社会主义道路不动摇，这是中国革命道德的灵魂。历史与现实实践早已证明，社会主义制度是人类迄今最科学的制度，共产主义是人类最美好的社会理想。在过去的近一个世纪中，中国人民在共产党带领下经过几代人的努力捍卫了这个道路和理想。在当今建设中国特色社会主义的年代中，大学生仍然需要继承这种优良革命传统，继承中国革命道德，坚定社会主义信念，成为社会主义道路的拥护者和社会主义建设的践行者。

---

① 思想道德修养与法律基础（2018 年版）［M］．北京：高等教育出版社，2018：102 – 103.
② 毛泽东选集（第二卷）［M］．北京：人民出版社，1991：361.

三、革命理论：革命文化的指导思想

革命理论包括两个阶段：新民主主义革命理论阶段和社会主义革命理论阶段①。"新民主主义革命理论，是以毛泽东为主要代表的中国共产党人，把马克思列宁主义基本原理同中国革命具体实践相结合，在认真总结中国革命实践基础上形成的具有独特性的革命理论"②。"新民主主义革命理论是马克思主义中国化的重要理论成果，开辟了马克思主义中国化的发展道路。……它是从中国革命的具体实际出发，运用马克思主义的立场、观点和方法，独立自主地分析和研究中国革命的实际问题，对中国革命实践经验的概括和总结，是中国共产党集体智慧的结晶"③。作为一种成熟、完整的理论体系，新民主主义革命理论与实践结合，具有极强的科学性，是新民主主义革命取得胜利的重要法宝。"1939 年，毛泽东在《中国革命和中国共产党》一文中第一次提出了新民主主义革命的科学概念"④。1948 年，在《在晋绥干部会议上的讲话》中提出了总路线的内容，即"新民主主义的革命，不是任何别的革命，它只能是和必须是无产阶级领导的，人民大众的，反对帝国主义、封建主义和官僚资本主义的革命"⑤。在《新民主主义论》中，毛泽东提出了新民主主义的三项基本纲领。"新民主主义的政治纲领是：

---

① 胡乔木．中国共产党的三十年［M］．北京：人民出版社，2008：50.
② 毛泽东思想和中国特色社会主义理论体系概论［M］．北京：高等教育出版社，2018：41.
③ 毛泽东思想和中国特色社会主义理论体系概论［M］．北京：高等教育出版社，2018：42.
④ 毛泽东思想和中国特色社会主义理论体系概论［M］．北京：高等教育出版社，2018：24.
⑤ 毛泽东选集（第四卷）［M］．北京：人民出版社，1991：1313.

推翻帝国主义和封建主义的统治，建立一个无产阶级领导的，以工农联盟为基础的，各革命阶级联合专政的新民主主义的共和国"①。"新民主主义经济纲领是：没收封建阶级的土地归农民所有，没收垄断资本归新民主主义的国家所有，保护民族工商业"②。"新民主主义文化就是无产阶级领导的人民大众的反帝反封建的文化，即民族的科学的大众的文化"③。

社会主义革命思想理论历经的时间不长，但其内容也基本形成了完备的理论体系。毛泽东指出："从中华人民共和国成立，到社会主义改造基本完成，这是一个过渡时期。党在这个过渡时期的总路线和总任务，是要在一个相当长的时期内，逐步实现国家的社会主义工业化，并逐步实现国家对农业、手工业和资本主义工商业的社会主义改造。"④社会主义革命理论在内容上包括两个方面：新民主主义向社会主义的过渡以及社会主义改造的理论原则和经验总结。在文化上，新民主主义文化是社会主义文化发展的必要条件与准备，而社会主义文化是新民主主义文化发展的必然趋势和结果。

总的来说，革命文化扎根于中华优秀传统文化和社会主义先进文化，是中国革命实践的光辉产物，继承和发扬其中所蕴含的艰苦奋斗、自强不息、实事求是、独立自主、自力更生等革命精神，继承和坚持全心全意为人民服务，发扬以集体主义和爱国主义为原则与核心的革命道

---

① 毛泽东思想和中国特色社会主义理论体系概论［M］．北京：高等教育出版社，2018：31．

② 毛泽东思想和中国特色社会主义理论体系概论［M］．北京：高等教育出版社，2018：31．

③ 毛泽东思想和中国特色社会主义理论体系概论［M］．北京：高等教育出版社，2018：33．

④ 建国以来重要文献选编（第4册）［M］．北京：中央文献出版社，2011：602．

德，坚持新民主主义革命理论和社会主义革命理论的理论指导，成为新时代大学生责无旁贷的责任和使命。大学生需要树立坚定的共产主义理想信念，培养正确的文化认同观，自觉认同革命文化，并将这种革命精神发扬光大。

第三节　社会主义先进文化

"发展先进文化，就是发展面向现代化、面向世界、面向未来的，民族的科学的大众的社会主义文化，以不断丰富人们的精神世界，增强人们的精神力量。"[①]一方面，我国社会主义国家的性质决定了我们的文化一定要具备社会主义国家的特色，另一方面，我们的民族特色和现阶段的基本国情又要求我们在建设社会主义先进文化时，要以马克思主义为指导，以"三个面向"（面向现代化、面向世界、面向未来）为发展方向，以"民族的、科学的、大众的"社会主义文化为特点[②]。在社会主义现代化建设的进程中，社会主义先进文化始终与时俱进，在形式上不断创新，在内涵上日益丰富，成为新时代大学生文化认同的主要内容。

一、以马克思主义为指导思想

首先，社会主义先进文化必须以马克思主义为指导思想。历史与现

---

① 全面建设小康社会 开创中国特色社会主义事业新局面——在中国共产党第十六次全国代表大会上的报告［M］．北京：人民出版社，2003：38.

② 习近平．决胜全面建成小康社会 夺取新时代中国特色社会主义伟大胜利——在中国共产党第十九次全国代表大会上的报告［M］．北京：人民出版社，2017：41.

实证明马克思主义是常用常新的、开放的理论体系，紧随时代的脉搏和社会的发展而处于不断的发展创新之中。"毛泽东思想和中国特色社会主义理论体系，都是马克思主义中国化的理论成果，都是中国化的马克思主义"①。社会主义先进文化是在马克思主义普遍原理指导下，经过了党和人民长期的革命和建设的实践检验。作为一个开放的思想体系，马克思主义始终与时俱进，引领社会发展。

作为新时代青年中的佼佼者，大学生是中国特色社会主义建设在未来的生力军。新时代大学生思想政治教育和文化认同培育得到了党和国家的高度重视。现阶段，应当以理想教育为核心，根据国内外环境特征和当前社会发展状况，根据大学生自身的心理与情感特质，采取有针对性的方法和途径，让大学生了解、接受马克思主义理论，认识到马克思主义是指导我们认识世界、改造世界的普遍真理，从而使他们树立坚定的共产主义信念，形成正确的人生观、世界观和价值观，成长为德智体美全面发展的社会主义建设者和接班人，成为担当民族复兴大任的时代新人。

二、以"面向现代化、面向世界、面向未来"为发展方向

社会主义先进文化要以"面向现代化、面向世界、面向未来"为发展方向。"面向现代化"是社会主义文化的建设方向。社会主义先进文化之所以要面向现代化，因为中国正在进行社会主义现代化建设，文化建设要服务于现代化建设的目标，为现代化建设事业提供智力、人才、思想、道德支持，也要适应现代化的历史潮流，不断实现自身的现

---

① 毛泽东思想和中国特色社会主义理论体系概论［M］．北京：高等教育出版社，2018：V.

代化。社会主义先进文化建设要"面向现代化",就要以经济发展为中心,使文化与经济互动,让文化繁荣与经济腾飞同步进行。在建设现代化的社会主义先进文化时,要始终坚持社会主义方向,坚持全心全意为人民服务的宗旨,坚持文艺战线的双百方针。

社会主义先进文化要"面向世界",就是要求我们的文化建设要具有世界眼光和时代精神,着眼于世界科学文化发展的前沿,紧跟时代发展的步伐,广泛吸收国外一切优秀思想、科技和文化成果,并在文化的双向交流中向世界展示我国社会主义文化建设的伟大成就。文化越是民族的,就越是世界的。因此,在国际文化的舞台中,我们既不搞文化沙文主义,也不妄自菲薄,而是坚持文化自信,以他山之石可以攻玉的心态吸收异质文化中的营养。

社会主义先进文化要"面向未来",就要深刻理解和把握历史发展规律,掌握社会主义文化建设的未来发展走向,凭借科学、远大的前瞻意识在社会主义时代前进的潮流中建设社会主义先进文化。文化建设要有前瞻意识,发挥适当超前性和预见性的本质特征,同时要能够引导社会文化发展的正确方向,服务于社会主义精神文明建设。"面向未来"意味着社会主义先进文化的建设和发展不能急功近利,而要目标长远,根据社会主义先进文化建设的战略目标,着眼于世界文化发展的前沿,解放思想,实事求是,脚踏实地,开拓创新,不断开创社会主义先进文化建设的新局面。

"广大青年要坚持面向现代化、面向世界、面向未来,增强知识更新的紧迫感……在改革开放和社会主义现代化建设的大熔炉中,在社会的大学校里，掌握真才实学"①，这是习近平总书记对新时代青年人的殷切希望。大学生要勇于做时代前列的奋进者、开拓者、奉献者，在"三个面向"的指引下，让青春年华在社会主义建设事业中焕发出光彩。

三、以"民族的、科学的、大众的"社会主义文化为特点

社会主义先进文化要以"民族的、科学的、大众的"社会主义文化为特点。1940 年，毛泽东的《新民主主义论》中首次提出了"民族的科学的大众的文化"②。党的十五大对其诠释了新时期的意义，成为社会主义文化纲领的重要内容。

所谓发展"民族的文化"，就是要在社会主义文化建设中，继承和弘扬中华优秀传统文化。越是具有民族性的文化，也越是具有世界性。世界文化的交流、沟通和学习是一个双向的过程，我们在吸收外来优秀文化成分的同时，要充分展示具有鲜明中国民族特色和风格的中华文化。中国是一个多民族的国家，不同的民族在历史上共同创造了光辉灿烂的中华民族文化。面对这些丰富的文化遗产和财富，我们不仅要学会扬弃，而且也要学会创新，使我们的民族文化建设能跟上时代发展的步伐，促进社会全方位的进步。

发展"科学的文化"是文化建设的生命所在。所谓科学的，就是要将科学性贯穿于文化建设事业进程中，以科学、严谨的精神和态度对待一切文化现象和事业，剔除糟粕，科学扬弃，反对落后的封建迷信思

---

① 在同各界优秀青年代表座谈时的讲话. 十八大以来重要文献选编（上卷）［M］. 北京：中央文献出版社，2014：279.
② 毛泽东选集（第二卷）［M］. 北京：人民出版社，1991：706.

想和僵化的不思进取的观念，弘扬实事求是的精神、脚踏实地的态度和科学的研究方法。在文化建设中，要坚持科学世界观与方法论，在全社会培养崇尚科学的氛围，树立尊师重教、勤学好进的风气，提高全民科学素质，培养投身社会主义建设的高素质的劳动者和专业人才。

发展"大众的文化"是文化建设的社会基础。所谓大众的，是指我们的文化来自于大众，服务于大众。社会主义先进文化要面向人民群众、依靠人民群众、服务人民群众。文化建设要植根于人民群众的生活实践，成为劳动人民自己的文化。社会大众既是社会主义文化的消费者，也是社会主义文化的建设者。随着人民经济生活水平的提高，对文化的要求也越来越高。要坚持我党的文艺方针，把满足人民的需求放在中心位置，使社会主义文化真正成为大众的文化。

大学生作为社会主义事业的未来建设者和接班人，学习、接受和践行社会主义先进文化既是大学生个人进步的需要，更是时代的要求。社会主义先进文化在当今社会主义现代化建设中发挥着至关重要的作用，它可以作为思想纽带使全民族团结一心共同奋斗，可以作为精神力量鼓舞全民族奋发向上积极进取，也可以作为精神动力和行动指南指导和促进大学生健康成长，成为大学生人生方向的指明灯和精神支柱。总之，在当今改革与开放、和平与发展、机遇与挑战并存、全球化思维与本土化行动共处的复杂社会环境中，社会主义先进文化可以引领大学生的成长成才，成为大学生的思想向导、行动指南和个人成长的基本途径。

第四章

新时代大学生文化认同的现状考察

本章主要通过对国内高校大学生进行问卷调查，结合质性访谈，对新时代大学生文化认同的现状进行系统的实证研究，分析大学生文化认同的现状，最终目的是根据现状梳理出存在的问题和原因，提出新时代大学生文化认同的策略。

第一节　新时代大学生文化认同状况调研过程

一、问卷调查

为了掌握新时代大学生文化认同现状的一手资料，在国内高校大学生群体中随机选择一定数量的样本进行问卷调查，对数据进行科学分类、整理、录入和分析，深入了解新时代大学生文化认同的状况和所存在的问题，为认同培育对策的提出提供科学依据。

（一）调查问卷设计与实施

调查问卷以第三章关于大学生文化认同的内容体系为基础，包括中华优秀传统文化、革命文化、社会主义先进文化三个方面，因此设计的问卷将从中华优秀传统文化、革命文化、社会主义先进文化三个方面的认知、情感、行为等三个维度来研究新时代大学生文化认同现状，统计、分析问卷调查的结果，概括新时代大学生文化认同的特点，发现问题，探讨原因，为有针对性地进行大学生文化认同培育工作提供实证数据支撑。

通过研读大学生文化认同研究的相关文献，借鉴同类型的文化认同问卷，参考心理学专业人士和思政教育学者的建议，编制了《大学生文化认同调查问卷》（见附录1），以此作为评估大学生文化认同现状的工具。为了使问卷很好地反映概念和主题，问卷问题按照大学生文化认同的概念、内容和机制来进行编制和维度分类，经过小范围测试，局部调整题目和语言表述，保证问卷的信度，最终形成正式问卷。

调查问卷包括两个板块，第一部分是大学生基本情况调查，主要包括受试者性别、民族、年级、政治面貌等7道题目；问卷第二部分考察新时代大学生对中华优秀传统文化的认同现状，主要考察核心思想理念、中华传统美德、中华人文精神认同状况；考察新时代大学生对革命文化认同的现状，主要考察大学生对革命精神、革命道德、革命理论的认同状况；考察新时代大学生对社会主义先进文化认同现状，主要考察大学生对马克思主义指导思想、大学生对"三个面向"发展方向、大学生对"民族的、科学的、大众的"社会主义文化特点的认同状况。

经过问卷内部一致性检测，研究中采用的大学生文化认同调查问卷符合信度要求，该信度用同质性信度（Cronbach's Alpha 系数）标示，表示调查中不同的题目设计是否具有内部的一致性，通常如果该数值超过 0.8 即表示问卷信度非常好。所编问卷的 Cronbach's Alpha 系数达到了 0.914，说明问卷信度很高，能够测查新时代大学生文化认同的情况。

以我国普通高校大学生为研究总体，为了保证样本量能够展示各地区、各层次高校的大学生文化认同现状，根据随机抽样和立意抽样相结合的方法在全国 28 所高校发放并回收有效问卷 2082 份（其中纸质版 840 份，电子版 1242 份）。

（二）调查问卷样本基本情况

通过自行设计的大学生文化认同调查问卷考察我国大学生文化认同的基本情况（调查对象的人口学特征见表 2）。

表 2　调查对象基本情况一览表

变量	水平	人数	百分比（%）
所在年级	大一	681	32.7
	大二	534	25.6
	大三	435	20.9
	大四	432	20.7
性别	男	1056	50.7
	女	1026	49.3
政治面貌	中共党员	162	7.8
	非党员	1920	92.2
担任学生干部	学生干部	726	34.9
	非学生干部	1356	65.1
民族	汉族	1893	90.9
	少数民族	189	9.1
家庭居住地	农村	687	33
	城市	1395	67

对回收的问卷剔除无效问卷后进行编码，以便于进行后期分析和调取数据，对纸质版问卷人工录入数据，对电子版问卷进行数据导出，对整合后的全部数据利用统计分析软件 SPSS16 进行分析。

二、质性访谈

作者在高校任思想政治课教师和辅导员多年，工作性质比较方便进行针对大学生群体的质性访谈研究。在质性访谈中，通过围绕设定的话题与研究对象进行深度的、非结构式的访谈，获得受访者在文化认同的情感、认知、行为等方面的资料。在样本的选择上采用了目的性抽样法，"质性研究中使用最多的抽样方法为目的性抽样，即按照研究的目的抽取能够为研究问题提供最大信息量的研究对象。这种方法也被称为理论性抽样，即按照研究设计的理论指导进行抽样"①。

（一）质性访谈研究的对象

通过典型个案抽样方法选择大学生作为深度访谈对象，由点及面地了解受访群体的状况，了解新时代大学生文化认同的现状并做质性分析，考虑到学生的年级、性别等因素，最终选取 10 所高校中的 20 位大学生作为深度访谈对象。将受访者按照 XS01—XS20 进行编号，研究对象按照性别统计，男生共 10 人，女生共 10 人。按照年级统计，大一 5 人，大二 5 人，大三 5 人，大四 5 人。

（二）质性访谈资料的收集

质性访谈中资料的收集是做定性分析的重要前期工作。研究者根据大学生文化认同的研究目标，确定访谈话题与提纲（见附录 2），研究者与受访者进行面对面的、无结构式的深度交谈，每个访谈持续时间大约 40 分钟，采用录音和笔记的方式取得第一手资料，从多个角度深入了解新时代大学生文化认同现状以及影响因素等。通过资料的收集和分析，在一定程度上弥补问卷调查量化分析的不足，通过各种表面行为方

①　陈向明. 教师如何做质的研究［M］. 北京：教育科学出版社，2001：17 – 18.

式，诠释行为背后的本质。

（三）质性访谈资料整理分析

资料收集之后的整理与分析工作是质性访谈研究最重要的环节。将收集到的语音资料进行文字转换，根据谈话的主题和内容进行拆分、编码、分类，重点采用归纳法综合分析所得资料，实现研究的目标，了解大学生在文化认同中的动机、态度、情感与行为。

为了保证质性访谈研究的信度，首先在进行访谈之前，即已告知受试的大学生该研究的目的和保密原则，使他们能够没有后顾之忧地配合接受访谈。其次在访谈过程中，研究者尽量保持态度和立场中立，避免自己的个性、情感和观点影响受试者。在访谈提问时尽量采用事实性的提问方式，避免使用评价性语言，对最后在论文中呈现的研究对象采用代号表示，征得他们同意可以公开访谈结果但保证不会泄露任何个人信息，不会出现任何对号入座的情况，使得受试者能够在一种轻松的、没有后顾之忧的氛围中毫无保留地表达自己的真实想法。通过采取这些措施，最大限度地保证了整个质性访谈过程的客观性，保证了研究的信度与效度。

第二节 新时代大学生对中华优秀传统文化的认同状况

根据中共中央办公厅、国务院办公厅 2017 年颁布的《关于实施中华优秀传统文化传承发展工程的意见》，中华优秀传统文化在内容上包括核心思想理念、中华传统美德，中华人文精神等三个内容。针对新时代大学生对中华优秀传统文化的认同调查，既包括总体情况分析，也包括对上述三项内容在认知、情感、行为等维度的研究。

为掌握新时代大学生对中华优秀传统文化的认同状况，对问卷调查的结果利用 SPSS 软件进行统计分析，对问卷中李克特五点量表的题目选项进行赋值，每一组选项中的"完全符合（非常赞同）""基本符合（基本赞同）""不确定（说不清楚）""不太符合（基本不赞同）""完全不符合（非常不赞同）"分别记为 5、4、3、2、1 分。3 分为中点分，每一维度的得分（平均分）越高，说明该维度所反映的情况越好。

新时代大学生对中华优秀传统文化认同的均值为 4.497，超过了中点 3 分，总的来说，目前大学生对中华优秀传统文化认同情况具备了一定的认同程度，并表现出良好的发展态势。

人口统计学变量常用于描述性统计报告，利用推论统计描述样本的性质与分布。在应用统计学和研究中，常见的人口统计变量包括年龄、性别、地点、种族、教育水平、家庭规模、社会经济指标和群体成员等。影响中华优秀传统文化认同的人口统计学变量很多，本次问卷调查主要分析了性别、政治面貌、年级、任职（是否担任学生干部）、居住地、民族等（结果见表 3）。

表 3　中华优秀传统文化认同与人口因素的 Spearman 相关性分析

人口统计学变量	N	Sig.	Spearman's rho
性别	2082	0.000	0.245 **
政治面貌	2082	0.017	− 0.166 *
年级	2082	0.017	0.165 *
任职情况	2082	0.001	− 0.222 **
居住地	2082	0.182	0.093
民族	2082	0.891	0.010

注：* 表示相关系数在 0.05 水平显著。

** 表示相关系数在 0.01 水平显著。

从上表中可以看出：性别与大学生对中华优秀传统文化认同之间存在弱相关性（$\rho = 0.245$，$p = 0.000$），女生对中华优秀传统文化的认同度高于男生。政治面貌与大学生对中华优秀传统文化认同之间存在弱负相关性（$\rho = -0.166$，$p = 0.017$），大学生党员对中华优秀传统文化的认同度高于非党员的大学生。年级与大学生对中华优秀传统文化认同之间存在弱相关性（$\rho = 0.165$，$p = 0.017$），大学生对中华优秀传统文化的认同随着年级的增加而逐渐缓慢地提高。大学生的任职情况与其对中华优秀传统文化的认同之间存在弱负相关性（$\rho = -0.222$，$p = 0.001$），任职学生干部的大学生对中华优秀传统文化的认同度要略高于普通学生。本次调查显示，大学生的居住地（城市或农村）以及民族（汉族和少数民族）与中华优秀传统文化认同之间不存在统计学意义上的相关性，前者的相关性为 $\rho = 0.093$，$p = 0.182$，后者的相关性为 $\rho = 0.01$，$p = 0.891$。

一、核心思想理念认同状况

讲仁爱重民本的为政理念、守诚信崇正义的人格素养、尚和合求大同的社会理想，是考察新时代大学生对核心思想理念认同状况的重要指标。问卷调查围绕核心思想理念，设计了六个问题，以期得到高校大学生对中华优秀传统文化的核心思想理念的认知、情感、行为层面的状况。在调查设计上，不仅考量大学生对中华优秀传统文化在认知和情感层面的状况，同时也关注大学生的行为表现，考察他们是否能主动学习中华优秀传统文化，并且能够将理念与实践相融合，在生活中践行中华优秀传统文化的核心理念。

（一）核心思想理念认知状况

1. 讲仁爱、重民本的为政理念

传统文化中仁爱精神倡导博施济众，民本思想与我们讲的为人民服务有内在一致性，根据问卷调查第 30 题，在"党的十九大以来颁布了一系列方针政策，把以人为本的理念落到实处，全心全意为人民服务，最大程度为人民谋福利"问题调查中，1539 名大学生"非常赞同"，414 名大学生"基本赞同"，"非常赞同"和"基本赞同"总占比为93.8%，81 名大学生对此表示"说不清楚"，30 名大学生表示"基本不赞同"，18 名大学生表示"非常不赞同"。

这说明大部分高校大学生对中华传统文化中民本思想有一定的认知，十九大报告是党和国家引领未来的最新纲领性文件，十九大以来党颁布的方针政策，体现出中国共产党全心全意为人民服务的思想，是继承和弘扬了中华优秀传统文化中的民本思想，是新时代大学生应该积极学习并深入领会的，然而调查结果中有一些学生表示对此不清楚，甚至有少数学生不赞同，这种状况不容乐观，说明我们要重视大学生社会责任感的培养，鼓励他们关心时事，关注社会发展，了解党和国家的方针政策。

2. 守诚信、崇正义的人格素养

诚信正义既是一种道德品质，也是一种崇高的人格素养，是中华优秀传统文化中提倡的道德品质，也是大学生树立理想信念的基础。根据问卷调查第 31 题，在"诚信是做人的基本准则，对新时代大学生来说至关重要"问题调查中，1791 名大学生"非常赞同"，204 名大学生"基本赞同"，"非常赞同"和"基本赞同"总占比为 95.82%，仅有 51名大学生对此表示"说不清楚"，27 名大学生对此表示"基本不赞同"，有 9 名大学生则表示"非常不赞同"。这说明在整个社会倡导诚信风气，高校重视诚信教育的大背景下，高校大学生对于诚信正义认知程度较好，大学生普遍都能认识到诚信正义等人格素养的重要性。

在访谈中，学生也谈了对于"正义"的认识，尤其是对中华优秀传统文化中正义理念的理解：

> "可能很多人会觉得正义这个词是来自于西方国家的词汇，但我觉得虽然我们需要向西方文明学习这些方面的智慧，但是也不能忘记中华传统文化中关于正义的宝贵资源，无论是孟子、孔子都曾对'义'有着充满智慧的论述，在中国古代文化中有很多，比如刚才你提到的君子喻于义，小人喻于利，君子看重的是道义，这些都需要我们去理解和传承。"（XS08）

从访谈中可以看出，新时代大学生对于正义观念的理解基本准确，并没有完全受到西方正义观等普世理论的影响。在中华优秀传统文化传承和发展过程中，崇尚先义后利的义利观对大学生的影响很深。

守诚信、崇正义是中华优秀传统文化中人格素养的重要内容。综上问卷和访谈结果，可以说新时代大学生的人格素养整体水平较好，无论是"正义"等涉及大是大非的问题，还是"诚信"等做人的基本素质方面，大学生群体都走在了社会前面，这是一个令人欣慰的可喜局面，提高大学生的人格素养，需要社会、学校、家庭、同辈成员继续形成合力，发挥环境的积极作用。

3. 尚和合、求大同的社会理想

中华优秀传统文化中的和合思想，对我国构建和谐社会有重大的借鉴意义，"大同"代表着人们对未来社会的美好憧憬，根据问卷调查第32题，在"大学生要努力学习，为构建社会主义和谐社会做出积极贡献"问题调查中，1560 名大学生"非常赞同"，453 名大学生"基本赞同"，"非常赞同"和"基本赞同"总占比为 96.7%，36 名大学生对此表示"说不清楚"，27 名大学生表示"基本不赞同"，6 名大学生表示"非常不赞同"。

"不知理解得是否正确，和合思想我觉得应该和儒家的'和谐''中庸'思想有一定联系。我认为首先大学生应当学习和了解中国的传统文化，了解和谐和中庸是中华传统文化重要的观点，作为一名大学生，在平时的生活中，处理好人际关系，学会与人沟通交流，处理好学习生活中各种关系，尊重不同民族和国家的民族文化习惯，学习和掌握现代化科学知识，努力学习，为建设社会主义和谐社会做出自己的一点贡献。"（XS02）

上面的访谈结果比较具有代表性，大多数受访同学都能把"和合"与"和谐"思想以及建设和谐社会的理想联系起来，或者把"大同"社会理想与建设共产主义的美好蓝图结合起来。综合量化问卷调查和质性访谈结果，基本可以认为当代高校大学生对中华优秀传统文化中尚和合求大同的社会理想认知情况总体较好，虽然在认识上还有些粗浅，但是方向基本正确，能够认识到提高自身素质为国家做贡献的重要性。总的来说，高校大学生对中华优秀传统文化中核心思想理念具备了一定程度的认知水平。

（二）核心思想理念情感认同状况

问卷调查第 3 题，关于"我憧憬'世界大同、和合共生'的理想社会"，1353 名大学生"完全符合"，519 名大学生"基本符合"，"完全符合"和"基本符合"总占比为 89.9%，168 名大学生对此表示

"不确定"，27 名大学生表示"不太符合"，15 名大学生表示"完全不符合"。说明高校大学生在情感层面的认同与在认知层面的认同类似，均普遍认同和合大同思想，具有正确的社会理想。

> "我觉得我们每个人的个人理想和社会理想其实不一定是冲突的，它们应该是一致的。我觉得在选择个人理想，充分发挥自己的特长，实现自己志向的同时，也要考虑为社会做出更多的贡献，最低的底线是做一个守法的公民，只有国家强大，社会强大，个人理想实现才有保证，个人价值才能实现。所以，我们应该努力提高自身素质，积极主动为社会服务，勇于承担社会重任，在为社会服务、为国家和民族做出贡献的过程中实现自我的价值，提高个人的能力。"（XS12）

问卷和访谈中涉及的人格素养与社会理想都是中华优秀传统文化核心思想的代表性内容，访谈研究的结论进一步佐证了问卷调查结果，从访谈结果中可以看出，大学生在情感层面普遍认同社会理想，愿意将个人理想和社会理想相结合，愿意承担社会责任，为社会服务。总的来说，新时代大学生对中华优秀传统文化的核心思想理念在情感层面认同度较高。

（三）核心思想理念行为认同状况

中华优秀传统文化核心思想理念主要包括讲仁爱重民本的为政理念、守诚信崇正义的人格素养、尚和合求大同的社会理想，问卷调查中的第 1 题"如果在街上我遇到老人跌倒，我会主动帮助"涉及了该项内容的行为维度。

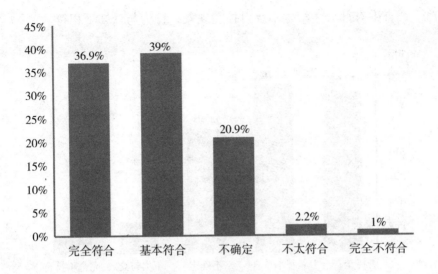

图6　大学生遇到老人跌倒是否会主动帮助的情况

　　根据调查结果，如图6所示，768名大学生选择"完全符合"，813名大学生选择"基本符合"，"完全符合"和"基本符合"总占比为75.9%，435名大学生对此表示"不确定"，45名大学生表示"不太符合"，21名大学生表示"完全不符合"。在"跌倒老人该不该扶"的问题上，虽然当今社会上有不同的声音，人们也对此展开过激烈的讨论，但究竟该不该扶跌倒的老人，反映了一个社会的社会风尚和一个人的人格素养。大学生还是在一定程度上受到了社会舆论的影响，一边想去扶，一边又有怕惹麻烦的顾虑，造成了相当数量的学生选择"基本符合"和"不确定"。

　　问卷调查第2题，关于"我非常反感同学抄袭作业的行为"，678名大学生"完全符合"，702名大学生"基本符合"，"完全符合"和"基本符合"总占比为66.3%，519名大学生对此表示"不确定"，126名大学生表示"不太符合"，57名大学生表示"完全不符合"（见图

7）。调查中有部分大学生不反对抄袭现象，行为与认知不相符。

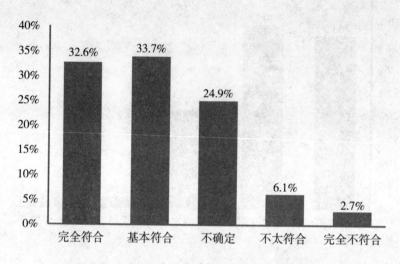

图7 大学生对待同学抄袭作业的态度

　　"诚信是中华民族传统美德，我们应该继承和发扬，以诚待人。学校里现在也非常重视培养诚信的风气，比如每学期的期末考试，我们班都会申报作为诚信考场，没有监考老师，全凭学生自觉考试，我觉得效果很好，互相信任是诚信的基础。当然，现实中也有不少同学的诚信意识比较淡漠，比如存在抄袭作业、抄袭论文等现象。我还听说有的同学申请贫困生困难补助，在反映家庭经济情况时，有的填写的内容是不属实的。有一些学生犯了错误，会编造谎话、隐瞒事实，还有些同学为迟到和请假编造理由。"（XS06）

　　通过问卷调查和访谈可以看出，新时代大学生总体上信守诚信正义，个别大学生存在不诚信行为，部分大学生自身诚信水平有待提高。大学生能够认同诚信道德的基本内容，具备是非观念，有时在涉及自身利益的状况出现时，部分大学生由于道德意志力较为薄弱，出现知行不统一的情况，把个人利益放在第一位而缺失了个人诚信。这些现象并非个案，从中凸显出了诚信道德建设的重要性。

　　"当前的社会环境下，我觉得大学生更多的是关注自己未来的生活与职业，更趋向于务实和生活化，希望自己未来能过上美好生活，也渴望成功，但是对社会和国家能做些什么想的不是太多，或者说不那么关注。"（XS18）

　　上述访谈内容可以看出，新时代大学生在认知和情感层面认同诚信、社会理想，但在实际生活的具体实践中，很多大学生更关心个人的未来发展，更关注个人健康、幸福、前途，这种做法本无可厚非，但关注个人发展与社会责任意识并不应当成为对立面，大学生应该认识到个人与社会发展之间的关系，培养浓厚的社会责任意识。

　　综上所述，新时代大学生在认知和情感层面比较认同中华优秀传统文化中核心思想理念，特别是在情感层面有一种天然的认同，但是有一些大学生在行为层面对核心思想理念的认同状况不太理想。少数大学生在涉及个人利益问题上，较为患得患失，过于看重个人利益得失，所以在诚信水平、社会理想方面还有不少的提升空间。

二、中华传统美德认同状况

"天下兴亡、匹夫有责的担当意识，精忠报国、振兴中华的爱国情怀，崇德向善、见贤思齐的社会风尚，孝悌忠信、礼义廉耻的荣辱观念"①，是考察新时代大学生对中华传统美德认同状况的重要指标。问卷围绕中华传统美德共设计了八个问题，以期得到高校大学生对中华优秀传统文化的中华传统美德的认知、情感、行为层面的状况。

（一）新时代大学生对中华传统美德的认知状况

1. 天下兴亡、匹夫有责的担当意识

问卷调查中的第33题涉及了天下兴亡、匹夫有责的担当意识的认知层面调查：顾炎武的"天下兴亡，匹夫有责"这句格言在今天被赋予了新的内涵，要求大学生胸怀祖国，自觉承担起振兴中华、关爱社会的责任。

根据该题的调查结果，1497名大学生"非常赞同"，477名大学生"基本赞同"，"非常赞同"和"基本赞同"总占比为94.8%，87名大学生对此表示"说不清楚"，13名大学生表示"基本不赞同"，8名大学生表示"非常不赞同"。说明新时代大学生大都能意识到自己身上所肩负的社会责任，能将自己的命运与集体、国家和社会命运结合起来，说明这么多年来我们的集体主义教育成效显著，大学生的集体荣誉感和社会责任感比较强。

　　"担当意识，我觉得体现在各个方面，有大有小。作为大学生，我们可以先从身边小事做起，团结同学，尽自己所能热心帮助同学排忧解难。至于我自己，我经常参加学校志愿团组织的各种志愿服务活动，我在社区做过义工，照顾孤寡老人，也去过社区的留

---

① 中共中央办公厅、国务院办公厅《关于实施中华优秀传统文化传承发展工程的意见》[N].人民日报，2017－01－26（6）.

守儿童学校做义务教师，通过这些活动，我丰富了生活体验，也增强了自信心和荣誉感。"（XS01）

"天下兴亡，匹夫有责，我觉得主要是一种责任意识的体现。我们每个人不能只着眼于自身的利益，也要有一种社会责任感，只有集体和社会发展了，自身的利益才能得到保障。大学生也是如此，我认为我们要做有理想有追求的大学生，提高自己的责任感和使命感。做一个敢于担当的人，自觉承担社会责任的过程中，学会理解和宽容他人，提升人格魅力和道德素质。"（XS12）

访谈的结果与问卷的结果基本一致，虽然有极少数大学生还存在着认知层面的迷茫，但是绝大多数大学生在认知层面普遍认同天下兴亡、匹夫有责的担当意识，能够把个人理想和社会理想结合起来，自觉承担社会责任，热爱祖国，敢于担当。

2. 精忠报国、振兴中华的爱国情怀

根据调查问卷第34题，在"大学生要适应时代发展的要求，增强爱国情怀"调查中，1659名大学生"非常赞同"，312名大学生"基本赞同"，"非常赞同"和"基本赞同"总占比高达94.7%，仅有84名大学生对此表示"说不清楚"，21名大学生表示"基本不赞同"，6名大学生表示"非常不赞同"。在爱国主义教育的影响下，新时代大学生普遍具有深厚的爱国情怀，在大是大非面前能够立场坚定，以国家和民族利益为重。

"为中华之崛起而读书是周总理年轻时的志向，我在小时候就听说过，也深受感染，我觉得这就是爱国主义的情感。爱国主义是最基本的要求，如果一个人连自己的祖国都不爱了，就连最基本的情感都没有了，最近社会上有些人借着爱国的名义，却做出伤害他人和国家集体荣誉的事情。真正的爱国主义，应从大局出发，去思考如何才能使我们的国家更强大。作为大学生，我觉得我们现在努力学习，将来能够尽自己的所能服务社会，做出一份贡献，这也是爱国主义的一种体现。"（XS15）

"通过对历史的学习，我知道我们现在的生活其实是来之不易的，是先辈们用生命换来的，我们应当珍惜现在的生活。我觉得真正的爱国不能停留在口号上，自己还是要有一定本事的，所以我觉得现在得珍惜大学的学习机会，好好充实自己。"（XS03）

访谈的结果与问卷调查的结果完全一致，学生普遍表达了朴素但是真实的爱国主义情感。可见，新时代大学生在认知层面普遍认同爱国主义，普遍具有一种朴素的爱国情感，这种情感内隐于心中，也许平时感受不到，但是在大是大非的事关国家与民族的利益和尊严的关头，或者在蕴含爱国主义精神的文艺作品、社会事件的感染下，这种爱国精神就会立即显现出来。

3. 崇德向善、见贤思齐的社会风尚

根据调查问卷第 35 题，在"我们应当关注社会中的平民英雄，传承道德力量，彰显'好人好报、以德报德'的社会风尚"调查中，1623 名大学生的态度是"非常赞同"，333 名大学生选择"基本赞同"，持"非常赞同"和"基本赞同"态度的学生总占比为 94%，84 名大学生对此表示"说不清楚"，30 名大学生表示"基本不赞同"，12 名大学生表示"非常不赞同"。

"我的理解，'德'是美德，'善'是善良，你说的崇德向善是中华民族的传统美德，作为大学生，我们要充分发扬这种中华美德，从身边小事做起，学好自己的专业，做一个对社会有贡献的人，自尊自爱。我觉得自己做好了，所有人都做好了，这个社会的风气就好了。另外，自己做好了，我觉得也会影响周围的人，形成一种正面的效应。"（XS08）

可见，新时代大学生在认知层面普遍认同中华优秀传统文化中崇德向善的传统美德。

4. 孝悌忠信、礼义廉耻的荣辱观念

根据调查问卷第4题，在"当有人对你所在的大学发表不实的负面言论时，你会驳斥对方，维护母校的声誉"调查中，1413名大学生"完全符合"，513名大学生"基本符合"，"完全符合"和"基本符合"总占比为92.5%，93名大学生对此表示"不确定"，42名大学生表示"不太符合"，21名大学生表示"完全不符合"。这说明新时代大学生有着比较鲜明的荣辱观，集体荣誉感较强。

"有句话叫作百事孝为先，自古以来孝就是我们的传统文化。父母养育了我们，我们长大以后要孝顺父母和长辈。我觉得在学校里尊重师长也是这样，日常中有关课业方面的事情要多跟自己的师长交流，来提高自己的专业知识方面的能力。"（XS05）

综合问卷调查和访谈结果可见，新时代大学生在认知层面普遍认同传统文化中孝悌忠信、礼义廉耻荣辱观念，孝顺父母、尊重师长、待人谦虚有礼等荣辱观，根深蒂固扎根于大学生的价值观理念之中。

（二）新时代大学生对中华传统美德的情感认同情况

根据调查问卷第5题，在"对中国载人航天事业取得的成功我感到非常自豪"调查中，1728名大学生"完全符合"，249名大学生"基本符合"，"完全符合"和"基本符合"总占比为94.96%，72名大学生对此表示"不确定"，27名大学生表示"不太符合"，6名大学生表示"完全不符合"。由此可见，新时代大学生在情感层面也是普遍认同对于作为中华传统美德核心内容之一的爱国主义。中华传统美德是有益于下一代的宝贵的道德遗产，大学生对传统美德在情感层面的认同，体现了这些传统美德强大的生命力和感染力。

（三）新时代大学生对中华传统美德的行为认同情况

在调查问卷中，有3道题目涉及中华传统美德认同行为维度的题目。根据调查数据显示（见图8），在第6题"我经常参加志愿服务活动"问题的调查中，831名大学生选择"完全符合"，789名大学生认为"基本符合"，选择"完全符合"和"基本符合"的学生总占比为77.8%，195名大学生对此表示"不确定"，多达189名大学生表示"不太符合"，另有78名大学生则表示"完全不符合"。在问卷第33题调查中，大学生在认知层面普遍认同中华传统文化中担当意识，但是与第6题的行为调查结果对比发现，只有39.9%的大学生经常参加志愿服务活动，新时代大学生对中华优秀传统文化中的中华传统美德的认知和行为出现了不一致，即在认知层面普遍认同，但是行为却出现较大的偏差。

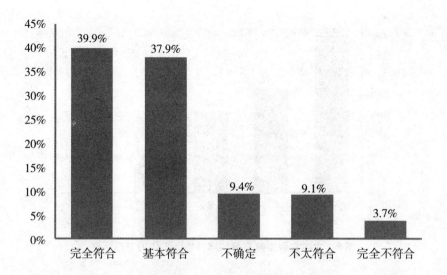

图8　大学生经常参加志愿服务活动的情况

根据调查问卷考察担当意识的第7题，在"我愿意支援国家建设，到国家需要的艰苦地区工作"调查中，837名大学生选择"完全符合"，561名大学生认为"基本符合"，"完全符合"和"基本符合"总占比仅为67.1%，435名大学生对此表示"不确定"，另有156名大学生表示"不太符合"，93名大学生表示"完全不符合"（见图9）。只有40.2%的大学生会选择到国家需要的艰苦地区工作，与前面认知层面普遍认同担当意识出现了较大的不一致的情况，即认知层面认同，行为层面缺失。

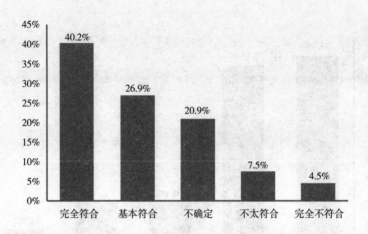

图9 大学生到国家需要的艰苦地区工作的意愿调查

根据调查问卷第8题，在"在公交车上我会主动给老年人让座"调查中，1329名大学生选择"完全符合"，558名大学生选择"基本符合"，"完全符合"和"基本符合"总占比为90.6%，114名大学生对此表示"不确定"，60名大学生表示"不太符合"，21名大学生表示"完全不符合"（见图10）。新时代大学生在践行中华优秀传统文化中的崇德向善的传统美德上表现尚好。

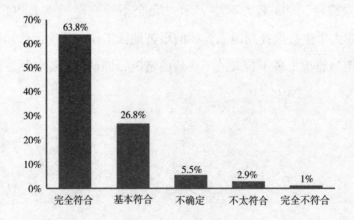

图10 大学生在公交车上主动给老年人让座的行为调查

总的来说，部分大学生对中华传统美德的某些行为层面的认同度，远远低于在认知和情感层面的认同度，认知、情感、行为三个方面出现了不同程度的脱节现象。其中既有社会环境方面的原因，也有学校、家庭教育方面的原因，造成了大学生在行为层面表现不足。相当比例的大学生虽然有一定的社会责任担当意识，但是在现实生活中往往更多地考虑个人利益；虽然有比较强烈的爱国之情，但往往不能将之直接化为学习和生活中的动力。

三、中华人文精神认同状况

对"求同存异、和而不同的处世方法，文以载道、以文化人的教化思想，形神兼备、情景交融的美学追求，俭约自守、中和泰和的生活理念"①，是考察新时代大学生对中华优秀传统文化中的中华人文精神认同状况的重要指标。围绕中华人文精神，设计了七个问题，以期得到高校大学生对中华优秀传统文化的中华人文精神的认知、情感、行为层面的状况。

（一）中华人文精神认知状况

1. 求同存异、和而不同的处世方法

根据调查问卷第 36 题，在"在人际交往中应当与他人保持一种和谐友善的关系，但在对具体问题的看法上却不必苟同于其他人"调查中，1374 名大学生"非常赞同"，582 名大学生"基本赞同"，"非常赞同"和"基本赞同"总占比为 94%，88 名大学生对此表示"说不清楚"，23 名大学生表示"基本不赞同"，15 名大学生表示"非常不赞

---

① 中共中央办公厅、国务院办公厅印发《关于实施中华优秀传统文化传承发展工程的意见》[N]．人民日报，2017-01-26（6）．

同"。这说明大多数大学生在认知层面比较认同中华传统文化中的求同存异等处世之道，但是相当数量的大学生对此也持不确定的态度甚至有不同的看法。毕竟这是一个更加彰显个性和竞争的时代，新时代大学生相对于过去的年轻人来说更加勇于表达自己的观点，坚持自己的特点。

> "我觉得求同存异里体现了一种做人和处世的智慧，当出现矛盾的时候，我们应该关注一下双方的共同点，先把矛盾暂时抛开。有时候，当我跟好朋友之间出现误解或者分歧的时候，一开始我也不理解对方，但是冷静下来，发现我们之间的友谊还是更重要的，分歧只是缺少沟通，是暂时的，抛开这些令人不快的小事，我们还是永远的好朋友"。（XS08）

访谈结果基本能支持调查问卷的结果，大多数同学还是认同传统的处世方法，几千年来形成的文化烙印在他们身上还是比较明显。令人欣喜的是，还有的同学能够把这种处世方法扩大为文化之间的相处之道。

> "在求同存异上，我觉得传统文化是我们的根本，但是同时我们也要学会借鉴其他的外来文化，文化之间总有相通之处，有共同点，我们应当以这些共同点为出发点，尊重彼此之间的差异，保持一颗开放的心，去接纳外面的多元文化，去正确地对待传统文化和外来文化。"（XS19）

可见，新时代大学生在认知层面普遍认同求同存异、和而不同的处世方法，无论是在个人层面，还是民族与社会层面，基本都能意识到冲突不是解决问题的最好办法，在面对不同的意见、外来文化时求同存异、兼容并蓄。

2. 文以载道、以文化人的教化思想

调查问卷第 39 题涉及了中华人文精神中的教化思想：电视节目《舌尖上的中国》传播了中国各地美食文化的源远流长，通过展现一道道精美的食品和美食背后的历史与风俗，在现代社会实现了对中华优秀传统文化的传承。本题目试图通过考察电视节目中展现的中国传统美食文化对人在感官上、精神上所产生的潜移默化的感化效果，来调查大学生对于中华优秀传统文化中人文精神教化思想的认同程度。根据调查显示，1434 名大学生"非常赞同"，519 名大学生"基本赞同"，"非常赞同"和"基本赞同"总占比为 93.8%，94 名大学生对此表示"说不清楚"，23 名大学生表示"基本不赞同"，12 名大学生表示"非常不赞同"。新时代大学生在认知层面上普遍认同中华优秀传统文化以文化人的教化思想。

3. 形神兼备、情景交融的美学追求

美学追求是中华优秀传统文化的重要内容之一，既体现在文学、绘画、书法、雕塑等艺术领域，也体现在人生观、社会观等精神层面，是一种对艺术和人生理想的内外兼修的追求。问卷调查的第 37 题"高校通过开设书法、美术、音乐、舞蹈等美育课程，可以引导大学生感受中华优秀传统文化的魅力，提高审美情操"，即涉及大学生在该维度上的认同状况。根据调查结果，1392 名大学生选择"非常赞同"，561 名大学生"基本赞同"，"非常赞同"和"基本赞同"总占比为 93.9%，105 名大学生对此表示"说不清楚"，15 名大学生表示"基本不赞同"，9 名大学生表示"非常不赞同"。总的来说，新时代大学生比较认可中华优秀传统文化可以提高他们的审美趣味和鉴赏力。

"我们学校里有音乐欣赏、舞蹈、书法、影视欣赏、文学鉴赏等艺术方面的课程，一般都是选修课，我们可以根据兴趣进行选修，学校要求在文学、历史、哲学、艺术等人文社会科学上，必须修满一定的学分，因为我是理科专业的学生，人文专业方面的知识比较薄弱，我觉得有必要加强人文方面的修养，所以我选择了插花、书法两门人文课程，我希望可以弥补这些方面的薄弱，同时也可以拿到通识选修课的学分，通过学习这些课程，可以提高人文修养，陶冶情操。"（XS17）

访谈结果进一步佐证了问卷调查的结果，大多数大学生在认知层面普遍认同传统文化的美学追求，认同这种美学追求会在潜移默化中提高自己的审美鉴赏力，也希望通过学习传统文化提高人文修养和综合素质。

4. 俭约自守、中和泰和的生活理念

中华优秀传统文化中的生活理念是俭约自守、中和泰和，意为勤俭节约，力戒奢华，不偏不倚，和谐相处。调查问卷第38题"大学生应该提倡勤俭节约，反对浪费"涉及的即是这方面的内容。根据问卷调查结果，1602名大学生"非常赞同"，336名大学生"基本赞同"，"非常赞同"和"基本赞同"总占比为93.1%，111名大学生对此表示"说不清楚"，21名大学生表示"基本不赞同"，12名大学生表示"非常不赞同"。从中可以看出新时代大学生在认知层面普遍认同勤俭节约的生活理念，反对铺张浪费。勤俭节约是中华民族几千年来的美德，也是重要的生活理念，现在虽然人民的生活水平比以前有了巨大的提高，但是对这种理念的认知仍然是深入人心。

"中庸之道我觉得就是做事不能走极端，保持一种平和的心态。具体到我们的生活，我觉得大学校园生活本身就是一个小型的社会，是社会的一个缩影，大学生在正式走入社会之前，就应该具备良好的与人沟通相处的技能，正确处理好当同学之间的关系，与老师之间的关系，一方面锻炼人际交往能力，一方面使人际关系比较和谐，否则，就会出现人际关系紧张，会影响生活和学习。我觉得这也是中庸之道的一种正确体现。"（XS14）

访谈内容是关于中华优秀传统文化生活理念的另一个重要方面：中庸之道。中庸是中和泰和的主要内容，访谈结果与问卷调查结果基本一致，从而可以看出新时代大学生在认知层面普遍认同和谐的生活理念，能认识到和谐的人际关系的重要性。

（二）中华人文精神情感认同状况

中华人文精神主要包括四项内容："求同存异、和而不同的处世方法，文以载道、以文化人的教化思想，形神兼备、情景交融的美学追求，俭约自守、中和泰和的生活理念"①。问卷调查中的第 11 题"我能通过欣赏中国国画背后蕴藏着的美，感受中国传统文化的博大与精深"涉及了中华人文精神情感层面的内容。根据调查结果，1308 名大学生选择"完全符合"，580 名大学生表示"基本符合"，选择"完全符合"和"基本符合"的学生总占比为 90.7%，另有 136 名大学生对此表示"不确定"，39 名大学生表示"不太符合"，19 名大学生表示"完全不符合"。美学追求是人文精神的重要内容之一，这表明大部分大学生具

①　中共中央办公厅、国务院办公厅印发《关于实施中华优秀传统文化传承发展工程的意见》[N].人民日报，2017-01-26（6）.

有一定的审美鉴赏力，在情感层面能基本认同中华优秀传统文化中的美学内涵，认同中华人文精神。

> "的确像您说的那样，现在社会上有个别人觉得我们现在没必要提倡节俭，应当提倡超前消费，刺激经济发展。但是我觉得勤俭节约一向是我们的传统美德，我们现在其实还是一个发展中国家，资源有限，为了保护我们的资源，需要我们从生活中节约资源，杜绝浪费，大学生是一个纯消费群体，更应该养成节约的习惯。我们应当树立勤俭节约意识，从日常生活的一点一滴做起，自觉肩负起厉行节约，反对浪费的社会责任，携手共建节约型校园。"（XS13）

关于中华人文精神情感认同的访谈题目针对的是俭约自守的生活理念的调查。从上面访谈调查结果可以看出，新时代大学生在情感层面认同中华人文精神，比较认同勤俭节约的生活理念，勤俭节约已经自觉成为大学生的一种生活方式、生活理念。勤俭节约是中华民族的优良传统，节约是每个中国人的责任，大学生能够做到勤俭节约，就为建设资源节约型、环境友好型社会做出了贡献。

（三）中华人文精神行为认同状况

调查问卷中第9题"我经常参加学校或社会举办的传统文化活动，接受传统文化的熏陶"，第10题"当我与同学之间出现意见分歧时，我会求同存异，学会倾听和采纳别人的意见"涉及中华人文精神行为层面的内容。根据调查问卷第9题，1041名大学生选择"完全符合"，705名大学生认为"基本符合"，"完全符合"和"基本符合"总占比为83.9%，230名大学生对此表示"不确定"，91名大学生表示"不太符合"，15名大学生对此表示"完全不符合"。大部分大学生愿意参加中华优秀传统文化活动，在活动的亲身参与中感受传统文化的魅力。根据调查问卷第 10 题，1311 名大学生"完全符合"，591 名大学生"基本符合"，"完全符合"和"基本符合"总占比为 91.4%，135 名大学生对此表示"不确定"，34 名大学生表示"不太符合"，11 名大学生表示"完全不符合"。大学生在处理人际矛盾时，愿意倾听其他人的意见，践行着中华优秀传统文化中求同存异、和而不同的处世方法。

"我们学校里会组织一些传统文化方面的活动，学校里有这些方面的社团，比如茶艺社、诗词社、汉服协会等，这些协会每学年都会组织一些校园文化活动，这些传统文化活动，学生们还是比较乐意参加的，例如汉服协会，每年组织汉服日那天，他们会在校园里组织中国古代服装展览、演出，有的学生会穿着汉服去上课，学生们看着会觉得很新鲜，会对中国传统服饰文化产生浓厚的兴趣，我觉得这些会产生潜移默化的作用，会激发学生们对中国传统文化的兴趣、了解、学习和普及。"（XS16）

上述访谈结果进一步佐证了问卷调查第 9 题的调查结果，从访谈中可以看出大学生非常赞同高校举办中华优秀传统文化活动，参与的意愿和积极性也比较高。新时代大学生在行为层面对中华人文精神较为认同，但是在行为层面的认同度低于认知、情感层面的认同度。

综合以上分析可以看出，中华优秀传统文化已经深入大学生的学习、生活日常以及内心世界，某种程度上已经成为潜意识的一部分，以潜意识的形式表征于日常生活中。中华优秀传统文化作为大学生的重要精神食粮，其形成的文化氛围对大学生起着重要的启蒙、教育和引导作用。中华文明上下五千年，大学生对传统文化的认同，主要是对其中的优秀传统文化的认同。在当今的全球化语境和文化多元化的态势中,优秀传统文化的根基不仅没有动摇,反而迸发出勃勃生机。越是民族的,就越是世界的;越是传统的,就越是现代的。近年来涉及传统文化的影视、电视类文化节目受到大学生群体的喜爱即反映了这一点,"高达95.8%大学生为中华文化感到自豪,91.1%的大学生认为'中华民族一定能创造文化新辉煌',89.6%大学生认为'中华优秀传统文化具有超越时空的永恒魅力',中华优秀传统文化的价值获得了当代大学生的高度认同"①。从中可以看出,新时代大学生对中华优秀传统文化的认同度较高,充分肯定中华优秀传统文化在当代中国社会发展中的重要作用。

新时代大学生对中华优秀传统文化的深层认同来自文化的传承。大学生自从出生之时直接面对传统文化中既成的风俗、道德、伦理、制度等,具有共同的民族文化心理特征,受到传统文化的浸染,被传统文化氛围所熏陶,所以对中华优秀传统文化的价值认同是稳定的、深层的。当传统文化进入大学生的内心精神层面时,会以集体无意识的形式在文化心理结构中成为稳定的存在,尽管大学生主体意识逐渐凸显,面对国内外的政治、经济、文化环境的变化,大学生对中华优秀传统文化的认同是稳定的。

中华优秀传统文化的核心思想理念、中华传统美德、中华人文精神获得了新时代大学生在认知和情感层面的高度认同,强大生命力使其获得了大多数大学生的认可与接受。但同时应当看到,虽然新时代大学生对中华优秀传统文化在认知和情感层面的认同度较高,但是在认同的行

① 沈壮海,肖洋.2016 年度大学生思想政治状况调查分析 [J].思想理论教育导刊,2017(1):110.

为层面上还存在着不少的问题，呈现出行为与认知、情感在某些方面不同程度的脱节现象。毕竟，认同不是简单的承认或者理解，也不是单纯的喜欢，而是认知、情感、行为的有机统一，任何一个环节的问题都需要引起我们足够的重视。

第三节　新时代大学生对革命文化的认同状况

革命文化是新时代大学生文化认同的主要内容之一，是由革命精神、革命道德、革命理论等内容组成的文化形态。新时代大学生对革命文化认同调查，既包括总体情况分析，也包括革命精神、革命道德、革命理论在认知、情感、行为等维度的分析。

为掌握新时代大学生对革命文化的认同状况，对问卷调查的结果利用 SPSS 软件进行统计分析，对问卷中李克特五点量表的题目选项进行赋值，每一组选项中的"完全符合（非常赞同）""基本符合（基本赞同）""不确定（说不清楚）""不太符合（基本不赞同）""完全不符合（非常不赞同）"分别记为 5、4、3、2、1 分。3 分为中点分，每一维度的得分（平均分）越高，说明该维度所反映的情况越好。

新时代大学生对革命文化认同的均值为 3.867，超过了中点 3 分，总的来说，新时代大学生对革命文化认同情况具备了一定的认同程度，并表现出良好的发展态势。

常见的人口统计变量包括年龄、性别、地点、教育水平、家庭规模等。影响革命文化认同的人口统计学变量很多，本次问卷调查主要分析了性别、政治面貌、年级、任职（是否担任学生干部）、居住地、民族等。

表4　革命文化认同与人口因素的 **Spearman** 相关性分析

人口统计学变量	N	Sig.	Spearman's rho
性别	2082	0.047	0.138*
政治面貌	2082	0.001	−0.114**
年级	2082	0.005	0.116*
任职情况	2082	0.020	−0.161*
居住地	2082	0.049	0.137*
民族	2082	0.630	−0.034

注：＊表示相关系数在 0.05 水平显著。

＊＊表示相关系数在 0.01 水平显著。

从上表中可以看出：在人口因素与大学生革命文化认同之间的关系中，性别与大学生革命文化认同之间存在弱相关性（$\rho = 0.138$，$p = 0.047$），女生对中国革命文化的认同度稍微高于男生。政治面貌与大学生革命文化认同之间存在弱负相关性（$\rho = -0.114$，$p = 0.001$），大学生党员对革命文化的认同度高于非党员的大学生。年级与大学生革命文化认同之间存在弱相关性（$\rho = 0.116$，$p = 0.005$），大学生对中国革命文化的认同随着年级的增加而逐渐缓慢地提高。大学生是否曾任班级干部与其对革命文化的认同之间存在弱负相关性（$\rho = -0.161$，$p = 0.020$），担任学生干部的大学生对革命文化的认同要略高于不担任学生干部的大学生。大学生的居住地（城市或农村）与其对革命文化的认同之间存在弱相关性（$\rho = 0.137$，$p = 0.049$），家庭居住地在农村的大学生对革命文化的认同略微高于居住在城市的大学生。本次调查显示，大学生的民族（汉族和少数民族）与革命文化认同之间的相关性为 $\rho = -0.034$，$p = 0.630 > 0.05$，不存在统计学意义上的相关性。

一、革命精神认同状况

革命精神是革命文化传承的根本价值所在，问卷从认知、情感、行为层面上考察新时代大学生对革命精神的认同情况。围绕革命精神，问卷共设计了六个问题，以期得到高校大学生对革命文化的革命精神的认知、情感、行为层面的状况。

（一）革命精神认知状况

当问及"我对革命精神非常了解"时，24%的学生选择"完全符合"，46.1%的学生表示"基本符合"，27.4%的学生表示"不确定"，2.4%的学生表示"不太符合"，0.1%的学生表示"完全不符合"（见图11）。

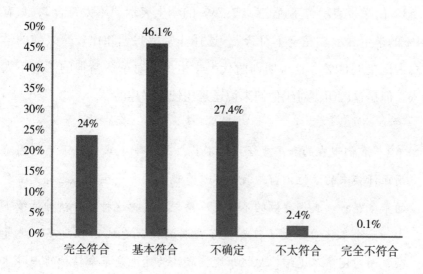

图11 大学生对革命精神了解情况

当回答问卷问题"我了解下列中国共产党的革命精神"时，大学生对选项中涉及的具体革命精神名称都有选择，但是对这些精神的熟悉或了解程度有明显的差异，其中选择长征精神的比例为35%，选择延安精神的比例为32%，选择井冈山精神的比例为29%，而选择红船精神的比例仅为4%。

总的来说，新时代大学生对革命精神的历史和内涵了解不够深入，对于一些革命历史中的英雄人物与典型事件，大学生通常都听说过，但是对于这些人物和事件后面的具体情况，尤其是这些人物事件所代表的革命精神内容则普遍只停留在一种比较模糊、不太确定的印象上，缺少深入的认知。

（二）革命精神情感认同状况

关于问卷第17题"我对红色历史非常感兴趣"，根据问卷结果，31.7%的学生表示"完全符合"，46.64%的学生表示"基本符合"，11.53%的学生表示"不确定"，7.73%的学生表示"不太符合"，只有2.4%的学生表示"完全不符合"。选择非常感兴趣和比较感兴趣的学生总占比接近80%，这说明新时代大学生虽然对革命精神的了解不太深入，但是这段历史对于他们来说还是比较感兴趣的。

> "我们现在的和平生活来之不易，是革命先辈战胜了无数困难用血汗换来的。他们留给我们不仅有现在的和平生活，还有更宝贵的革命精神。我们要做的不只是感恩，还要把这种革命精神延续下去。如今工作学习生活节奏快了，新的情况也比以往更多、更复杂，面对困难不退缩，积极乐观，我认为这也是革命精神的一种体现。"（XS07）

访谈的结果也能佐证问卷的调查结果，大学生在正面的教育引导下，能用正确的态度对待革命精神，在情感层面上对革命精神总体比较认同。

（三）革命精神行为认同状况

问卷第15、16题考察的是新时代大学生在行为层面上对革命精神的认同。关于第15题"我平时经常会去革命遗址参观"，调查结果显示，21.13%的学生选择"完全符合"，44.72%的学生选择"基本符合"，19.74%的学生表示"不确定"，12.49%的学生认为"不太符合"，其余1.92%的同学表示"完全不符合"（见图12）。

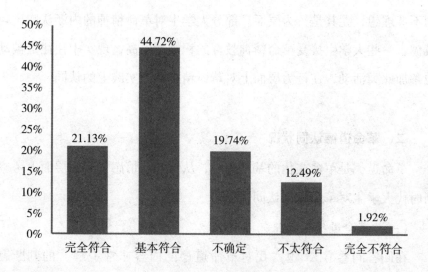

图12　大学生参观革命遗址的行为调查

在回答"我在实地参观完革命遗迹或在看完革命题材影片后，感想颇深，开始思索革命前辈的理想信仰"问题时（第16题），36.6%的学生认为"完全符合"，37.3%的学生选择"基本符合"，8.3%的学生表示"不确定"，9.1%的学生认为"不太符合"，而8.7%的学生表示"完全不符合"。

由此可见，大学生平时较少参加有关革命历史、革命英雄纪念、革命精神弘扬之类的活动，尤其是缺少主动参加的积极性。他们有时之所以会参加红色革命遗址参观等类似的活动，并非是自发地选择，主要是被动地参加集体活动或者完成作业、任务。还有相当大比例学生在接受革命精神教育后缺少足够的思索，说明这些活动对他们的触动不大，无法引起他们心中的共鸣。

调查显示，新时代大学生对革命精神在情感层面的认同度较高，这跟他们长期受到的爱国主义教育不无关系，而在认知和行为层面的认同则不甚理想，尤其是行为层面。部分大学生对革命精神的内涵认知比较模糊，一些大学生接受革命精神教育的积极性不高，现实中往往是被动地参加此类活动，在行为层面上对革命精神缺乏实践上的认同。

二、革命道德认同状况

革命道德是革命文化的基本内容，从认知、情感、行为层面上考察新时代大学生对革命道德认同情况。

（一）革命道德认知状况

在回答问卷第 18 题"我对革命道德的内容非常了解"的判断题时，22.4% 的学生回答是"完全符合"，32.9% 的学生认为"基本符合"，25.8% 的学生表示对此"不确定"，选择"不太符合"的学生比例为 10.1%，另有 8.8% 的学生则认为"完全不符合"。

> "我对革命道德的理解，停留在影视作品、文学作品、教材中给我的印象，但是如果让我用具体的词概括出革命道德，我概括不出来。"（XS07）

问卷结果和访谈结果都表明，很多大学生对革命道德的认知非常朴素，只停留在表层，听说过概念，但是不了解概念的内涵，没有非常明确和深刻的认知。总的来说，新时代大学生对革命道德内涵的认知不够深入。

（二）革命道德情感认同状况

在问卷第47题当问及"了解我国革命道德对实现自己人生价值有意义"时，36.4%的学生表示"非常赞同"，38.8%的学生表示"基本赞同"，22.1%的学生表示"说不清楚"，2.2%的学生表示"基本不赞同"，只有0.5%的学生表示"非常不赞同"。

访谈第15题涉及了新时代大学生在情感层面对革命道德的认同程度。

"革命道德是中华民族的宝贵财富，我觉得应该跟中华传统文化的价值观有着很深的渊源，它们共同组成了中华文化，我们应该继承这些革命道德观念，因为有了这些革命道德理想，才能给我们指明人生正确的方向。"（XS20）

从调查和访谈结果来看，与大学生对革命精神在情感层面的认同状况非常类似，新时代大学生在情感方面也普遍认同革命道德，认同自力更生、艰苦奋斗等革命道德。

（三）革命道德行为认同状况

在问卷第21题当问及"我把'自力更生、艰苦奋斗'作为自己的行为准则"时，25.9%的学生表示"完全符合"，37.9%的学生表示"基本符合"，21.4%的学生表示"不确定"，13.5%的学生表示"不太符合"，1.3%的学生表示"完全不符合"。调查显示，有一些大学生没有将自力更生、艰苦奋斗作为自己的行为准则，这与革命道德情感认同不一致。

访谈第15题涉及了新时代大学生在行为层面上对革命道德的认同调查。

> "革命道德是中华美德，把革命道德作为自己的行为准则，比如自力更生、艰苦奋斗，我经常参加学校的学习讲座和思想教育方面的讲座，参加学生社团组织的各种活动，参加一些社会公益活动，从自我做起，从小事做起，从一定程度上践行了革命道德观念。"（XS11）

> "我们学校有组织相关革命文化教育的活动，我认识到了这种活动的重要性，但是由于学业很重，时间不太多，而且活动的形式缺少吸引力，活动的形式单一，活动的种类少，不能吸引我们参加。"（XS07）

与革命精神的认同状况类似，部分大学生在行为层面上缺乏对革命道德的认同，体现为参加这方面的实践活动比较少，这其中既有学生积极性不足的原因，也有活动组织等教育和引导方面的原因。对此学校和社会应该侧重引导大学生参与革命道德教育活动，学习并传承革命道德观念。

总的来说，新时代大学生在情感层面上比较认同革命道德，但是在认知和行为层面上的认同状况不容乐观。大部分的大学生对革命道德的概念仅停留在教材、影视等作品的印象中，无法概括出革命道德的内涵，在行为层面上也缺乏主动接受革命道德教育的意愿。

三、革命理论认同状况

革命理论是革命文化的重要内容，从认知、情感、行为层面上考察了新时代大学生对革命理论的认同情况。

（一）革命理论认知状况

当问及"我对革命理论的内容非常了解"时，25%的学生表示"完全符合"，36.5%的学生表示"基本符合"，34.8%的学生表示"不确定"，3%的学生表示"不太符合"，只有0.7%的学生表示"完全不符合"。

> "我在历史课和思政课上学习过中国革命理论，但是让我系统描述革命理论内容和内涵，我无法做一个比较清晰的梳理，也描述不好，我知道革命理论具有重要的意义，但是什么是革命理论，有哪些革命理论，我不是很清楚。"（XS20）

根据访谈，我们可以看出很多大学生对革命理论的认知仅仅停留在概念名称上，对其历史传承、主要内容，都没有一种比较清晰的认知。虽然他们在情感层面接受革命理论，但是很多大学生对革命理论认知程度不高，会直接导致大学生对革命文化践行程度较低。

（二）革命理论情感认同状况

关于问卷第48题"社会主义革命是人类历史上最广泛、最深刻、最彻底的革命"，1367名大学生选择"非常赞同"，570名大学生表示"基本赞同"。选择"非常赞同"与"基本赞同"的大学生总占比达到了93.1%，84名大学生表示"说不清楚"。

"大学生应该系统地学习革命文化知识，掌握革命理论，虽然现在有些学生觉得这些理论在今天过时了，但是革命理论中蕴含的价值和精神永远是大学生的精神财富，我们要学习这些革命精神，充实我们的生活，作为我们的精神支柱。"（XS19）

访谈结果与问卷调查结果基本一致，新时代大学生在情感层面普遍认同革命理论，愿意学习革命理论知识，肯定革命理论中蕴含的革命精神，部分大学生还能将这些革命理论与自己的学习和生活联系起来，认识到革命理论对于指导我们生活实践的重要意义。

（三）革命理论行为认同状况

问卷第22题当问及"我愿意参加中国革命理论方面的讲座或学习活动"时，20.9%的学生表示"完全符合"，37.8%的学生表示"基本符合"，38.2%的学生表示"不确定"，2.2%的学生表示"不太符合"，0.9%的学生表示"完全不符合"。调查结果显示，很多大学生不太愿意参加中国革命理论方面的讲座或学习活动，在行为层面缺乏主动学习中国革命理论的意愿。

访谈第15题"你是否学习过中国革命理论？你怎么看待革命理论？"涉及了新时代大学生在行为层面对革命理论的认同状况。

"在我入党之前，我上过党课学习班，比较系统地学习过中国革命理论，包括新民主主义革命和社会主义革命理论，学校也有组织党员和入党积极分子的活动，比如参观社会主义建设的成就展，参观革命英雄纪念碑等活动，但是这些活动主要针对党员和入党积极分子，对于普通同学，参与这些活动的学生比例相对较少一些。"（XS02）

访谈结果说明部分大学生在行为层面比较缺乏对革命理论的认同，这与前面所述大学生对革命精神和革命道德的认同状况如出一辙。如前面问卷调查结果所显示的那样，在大学里，党员、入党积极分子和学生干部参与中国党史、革命史等教育的机会多，意愿更强，而相比之下普通学生参与的机会少，参与的积极性也相对不高，最终造成了很多大学生在认知、情感、行为层面对革命文化认同的脱节现象。

总的来说，新时代大学生在情感层面上比较认同革命理论，但是在认知和行为层面上的认同状况不容乐观。大部分大学生对革命理论的理解仅停留在概念上，无法概括出革命理论的内涵，在行为层面上也缺乏主动接受革命理论教育的意愿和实践。

综合以上分析可以看出，革命文化中革命精神、革命道德、革命理论获得了新时代大学生在情感层面的高度认同。大学生对我国革命文化很有信心，大学生对革命文化在情感层面有较高的认同度，但是在认知和行为层面还存在着不少的问题，呈现出情感与认知、行为在某些方面不同程度的脱节现象。

第四节　新时代大学生对社会主义先进文化的认同状况

社会主义先进文化是新时代大学生文化认同的主要内容，是以马克思主义为指导，"发展面向现代化、面向世界、面向未来的，民族的科学的大众的社会主义文化"①。新时代大学生对社会主义先进文化的认

---

① 习近平. 决胜全面建成小康社会 夺取新时代中国特色社会主义伟大胜利——在中国共产党第十九次全国代表大会上的报告［M］. 北京：人民出版社，2017：41.

同调查，既包括总体情况分析，也包括对上述三项内容在认知、情感、行为等维度的分析。

为掌握新时代大学生对社会主义先进文化的认同状况，对问卷调查的结果利用SPSS软件进行统计分析，对问卷中李克特五点量表的题目选项进行赋值，每一组选项中的"完全符合（非常赞同）""基本符合（基本赞同）""不确定（说不清楚）""不太符合（基本不赞同）""完全不符合（非常不赞同）"分别记为5、4、3、2、1分。3分为中点分，每一维度的得分（平均分）越高，说明该维度所反映的情况越好。

新时代大学生对社会主义先进文化的认同均值为4.157，超过了中点3分，总的来说，新时代大学生对社会主义先进文化认同情况具备了一定的认同程度，并表现出良好的发展态势。

常见的人口统计变量包括年龄、性别、民族、教育水平、家庭规模等。影响社会主义先进文化认同的人口统计学变量很多，本次问卷调查主要分析了性别、政治面貌、年级、任职（是否担任学生干部）、居住地、民族等。

表5　社会主义先进文化认同与人口因素的 Spearman 相关性分析

人口统计学变量	N	Sig.	Spearman's rho
性别	2082	0.000	0.217 **
政治面貌	2082	0.014	−0.136 *
年级	2082	0.021	0.125 *
任职情况	2082	0.002	−0.192 **
居住地	2082	00.157	0.185
民族	2082	0.428	0.045

注：*表示相关系数在0.05水平显著。

**表示相关系数在0.01水平显著。

从上表中可以看出：在人口因素与社会主义先进文化认同之间的关系上，本次调查显示，性别与大学生社会主义先进文化认同之间存在弱相关性（$\rho = 0.217$，$p = 0.000$），女生对社会主义先进文化的认同水平略微高于男生。大学生的政治面貌与他们的社会主义先进文化认同之间存在弱负相关性（$\rho = -0.136$，$p = 0.014$），大学生党员对社会主义先进文化的认同度高于非党员的大学生。年级与大学生社会主义先进文化认同之间存在弱相关性（$\rho = 0.125$，$p = 0.021$），大学生对中国社会主义先进文化的认同随着年级的增加而逐渐缓慢地提高。大学生的任职情况与其对社会主义先进文化的认同之间存在弱负相关性（$\rho = -0.192$，$p = 0.002$），担任学生干部的大学生对社会主义先进文化的认同要略高于不担任学生干部的大学生。本次调查显示，大学生的居住地（城市或农村）以及民族（汉族和少数民族）与社会主义先进文化认同之间不存在统计意义上的相关性，前者的相关性为 $\rho = 0.185$，$p = 0.157$，后者的相关性为 $\rho = 0.45$，$p = 0.428$。

一、马克思主义指导思想认同状况

通过大学生对马克思主义的态度和观点来了解大学生对马克思主义认同状况，围绕马克思主义指导思想，问卷设计了三个问题，以期得到高校大学生对马克思主义指导思想在认知、情感、行为层面的认同状况。

（一）马克思主义指导思想认知状况

高校大学生普遍认同马克思主义的指导思想。对于问卷第 40 题"马克思主义是科学的理论，创造性地揭示了人类社会发展规律"，1290 名大学生表示"非常赞同"，705 名大学生表示"基本赞同"，选择"非常赞同"和"基本赞同"的学生总占比为95.9%，另有75名大学生对此表示"说不清楚"，9名大学生对此表示"基本不赞同"，3名大学生表示"非常不赞同"。调查结果显示，高校大学生普遍能够认识到马克思主义指导思想在中国革命与社会主义建设中的历史贡献、重要意义与指导地位。黄莉、邹世享（2010）所做的调查研究结果显示，"认为马克思主义对我国现代化建设具有根本指导作用的大学生比例达到了57.1%"[①]。本次问卷调查的数据结果也基本与之相符，这说明马克思主义指导思想在大学生中得到了认知层面的广泛认可。我们必须认可高校大学生马克思主义认同教育所取得的成就，增强大学生文化认同的自信心，为解决高校大学生文化认同问题提供正向指引。

（二）马克思主义指导思想情感认同状况

问卷中第13题"有的人说马克思主义理论在当代已经过时了，我反对这种说法"，涉及大学生在情感层面对马克思主义指导思想认同情况的调查。通过调查发现，1269名大学生选择"完全符合"，543名大学生选择"基本符合"，选择"完全符合"和"基本符合"总占比为87%，192名大学生对此表示"不确定"，60名大学生表示"不太符合"，18名大学生表示"完全不符合"。新时代大学生在情感层面普遍认同马克思主义理论，认为马克思主义理论在21世纪社会主义现代化建设中仍然没有过时，也不会过时，因为它揭示了人类社会发展的一般规律，具有科学的前瞻性，既属于那个时代也超越那个时代，对于这个属性新时代大学生普遍认同。

（三）马克思主义指导思想行为认同状况

问卷中第14题"积极参加课堂之外的马克思主义理论学习活动"，

---

① 黄莉，邹世享. 大学生对社会主义核心价值观的认同调查分析 [J]. 西南交通大学学报（社会科学版），2010（6）：30.

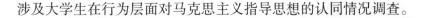

涉及大学生在行为层面对马克思主义指导思想的认同情况调查。

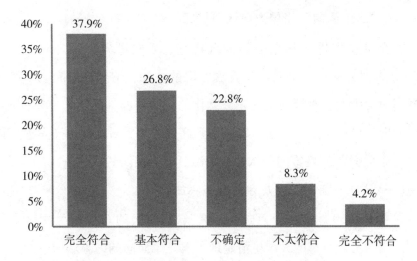

图13　大学生参加课外马克思主义理论学习活动的情况

通过调查发现（见图13），789名大学生选择"完全符合"，558名大学生认为"基本符合"，选择"完全符合"和"基本符合"的学生总占比为64.7%，474名大学生对此表示"不确定"，173名大学生表示"不太符合"，88名大学生表示"完全不符合"。大学生在行为层面对马克思主义理论指导思想的认同不容乐观，只有64.7%的大学生积极参加课堂之外的马克思主义理论学习活动，尚不足三分之二。认知、情感、行为层面再一次出现了脱节的现象，部分大学生虽然认知和情感层面认同马克思主义理论的科学性、重要性，但是在行为层面的认同上不一致，这里既有大学生自身的原因，也有教育方面的原因。

二、"三个面向"发展方向认同状况

社会主义先进文化是"面向现代化、面向世界、面向未来的文化"①,本部分从"三个面向"发展方向的认知、情感、行为三个层面考察新时代大学生对社会主义先进文化的认同情况。围绕"三个面向"发展方向,设计了五个问题,以期得到高校大学生对社会主义先进文化的"三个面向"发展方向的认知、情感、行为层面的状况。

(一)"三个面向"发展方向认知状况

问卷中第50题"三个面向是什么",只有大约62%的大学生全部答对,说明不是所有的大学生清楚地了解三个面向的内容。

> "我以前听说过三个面向,是教育的三个面向,至于社会主义先进文化的三个面向,我不是十分确定是什么内容。"(XS08)

通过访谈发现,一些受访大学生不太了解社会主义先进文化的"三个面向"的内容,当告知他们三个面向的内容时,学生又表示听说过,说明大学生对"三个面向"的内容缺少深入的认知。

(二)"三个面向"发展方向情感认同状况

问卷中共有三道题涉及新时代大学生对"面向现代化、面向世界、面向未来"情感认同情况的调查。在问卷第41题"社会主义先进文化应该面向现代社会发展,为现代社会发展提供精神动力和智力支撑"调查中,1362名大学生"非常赞同",570名大学生"基本赞同","非

---

① 习近平. 决胜全面建成小康社会 夺取新时代中国特色社会主义伟大胜利——在中国共产党第十九次全国代表大会上的报告 [M]. 北京:人民出版社,2017:41.

常赞同"和"基本赞同"总占比为92.8%，84名大学生对此表示"说不清楚"。调查数据表明，新时代大学生在情感层面普遍认同社会主义先进文化是面向现代化的。在问卷第42题"任何一种文化只有在与世界各民族文化交流之中，不断吸收和借鉴各种先进的文化成果，才可能不断发展前进"调查中，1380名大学生"非常赞同"，576名大学生"基本赞同"，"非常赞同"和"基本赞同"总占比为94%，86名大学生对此表示"说不清楚"。调查表明，新时代大学生在情感层面普遍认同社会主义先进文化是面向世界的。在问卷第43题"社会主义先进文化是面向未来的，因而能够引领中国文化的发展方向"调查中，1275名大学生"非常赞同"，561名大学生"基本赞同"，"非常赞同"和"基本赞同"总占比为88.2%，150名大学生对此表示"说不清楚"。调查数据表明，新时代大学生在情感层面普遍认同社会主义先进文化是面向未来的。总的来说，高校大学生在情感层面普遍认同社会主义先进文化面向现代化、面向世界、面向未来的发展方向。

访谈第13题（见附录2）涉及了大学生对社会主义先进文化三个面向的认同情感调查。

"我觉得中国文化走向世界，通过与各民族文化交流，学习与借鉴，将会提高中华文化的国际影响力，促进中华文化的创新与发展。首先只有中国文化逐渐被世界其他地区的人民所了解，才能逐渐地被接受，消除误解，增强理解，当中国文化在世界舞台上树立一种正面积极的形象时，中国就可以更好地在国际舞台上发挥它的影响力。"（XS09）

在访谈中，一些大学生开始时表示不太了解社会主义先进文化的

"三个面向",但是当被告知三个面向的内容时,大学生普遍反映非常支持三个面向的论述,希望和愿意中国社会主义先进文化走向世界、走向未来、走向现代化,提高中国在国际舞台上的影响力,说明新时代大学生对"三个面向"在情感层面是比较认同的。

(三)"三个面向"发展方向行为认同状况

问卷第23题当问及"我会勤于学习,关心国家、关心世界,学会担当社会责任"时,49.7%的学生表示"完全符合",38%的学生表示"基本符合",10.1%的学生表示"不确定",1.4%的学生表示"不太符合",0.8%的学生表示"完全不符合"。根据调查结果显示,87.7%的大学生愿意提高自身素质,掌握真才实学,面向现代化、面向世界、面向未来。

访谈第13题涉及的是"你所在的学校有没有出国学习交流的机会?你是否愿意参加到国外学习交流活动?"该题意图通过了解受访学生在跨文化交流中的行为表现,来了解大学生对于社会主义先进文化"三个面向"发展方向的行为层面的认同度。

"我今年大四,大三时利用学校交流生的机会,到美国学习了半年,这半年里极大地开拓了我的视野,不光是在专业上,还有在创新意识、批判性思维、独立性思维上,都有很大的提高,出国学习是一种跨文化的交流,通过这种交流,我学到了国外先进的知识,也利用一些机会宣传我们中国的文化,交了很多外国好朋友,我发现他们对中国文化非常不了解,通过我不断地解释和交流,他们对中国也逐渐产生了浓厚的兴趣,这种交流活动是相互的,我从中也学到了很多东西。"(XS09)

"我们这个学校每年都有出国交流的机会,但目前我还没有获得，因为名额有限，如果有名额，我非常愿意利用这种机会，出国学习先进的知识。我身边大多数学生跟国外的朋友交流的机会很少。"（XS10）

从访谈结果可以看到，有部分大学生在大学期间有机会到国外学习和交流，他们在学习和交流期间会向国外朋友介绍中国文化，通过各种形式宣传中国社会主义先进文化，但是这种机会不是太多，很多大学生虽然有着通过出国学习交流开阔视野的意愿，但是难以获得这种机会，在国内环境中跟国外朋友交流的机会也很少，这可能会对他们的国际视野造成影响。

新时代大学生在行为层面对"三个面向"认同度，相比认知、情感层面的认同度相对较低，这里面的原因主要是外部的因素，大学生对于拓宽国际视野意愿还是很强的，但是机会和资源不足，造成大学生在这方面的践行不足。

三、"民族的、科学的、大众的"特点认同状况

社会主义先进文化是民族的、科学的、大众的文化，本部分从"民族的、科学的、大众的"的认知、情感、行为三个层面考察新时代大学生对社会主义先进文化的认同情况。围绕"民族的、科学的、大众的"，设计了五个问题，以期得到高校大学生对社会主义先进文化的"民族的、科学的、大众的"的认知、情感、行为层面的状况。

（一）"民族的、科学的、大众的"认知状况

问卷中共有三道题涉及新时代大学生对社会主义先进文化"民族的、科学的、大众的"特点认知情况的调查。对于问卷第44题"中国

是一个统一的多民族国家，应当尊重和保护各民族文化，包括各少数民族的文化，实现民族文化的共同发展"，1281 名大学生的态度是"非常赞同"，612 名大学生表示"基本赞同"，选择"非常赞同"和"基本赞同"的学生总占比为 90.9%，只有 168 名大学生对此表示"说不清楚"。

> "我们是个多民族的国家，一共有 50 多个民族，每个民族有不同的宗教信仰、语言和风俗习惯，每个民族有每个民族的特点和文化，我们应当尊重和保护这些民族文化。我们班里就有不少少数民族的学生，学校里每年都有来自西藏和新疆的学生，不同民族的学生能互相了解对方的文化，大家相处得都很好。"（XS11）

中华民族五千年文明史所留下的优秀精神和文化精华是整个中华民族的根与魂，必须要得到保护和传承，社会主义先进文化正是中华民族的根与魂的集中体现。调查表明，新时代大学生在认知层面普遍认同社会主义先进文化的民族的特点。

关于问卷第 45 题"以马克思主义为指导的实践性是社会主义先进文化科学性的重要表现"，1434 名大学生"非常赞同"，408 名大学生"基本赞同"，"非常赞同"和"基本赞同"总占比为 88.5%，159 名大学生对此表示"说不清楚"。调查数据表明，新时代大学生在认知层面普遍认同社会主义先进文化在指导思想和核心价值观上的科学性。

关于问卷第 46 题"社会主义先进文化面向人民大众，努力将文化以喜闻乐见的形式普及到人民群众中，为广大人民群众服务"，1356 名大学生表示"非常赞同"，504 名大学生表示"基本赞同"，选择"非常赞同"和"基本赞同"的大学生总占比为 89.3%，174 名大学生对此表示"说不清楚"。调查数据充分体现，新时代大学生在认知层面普遍认同社会主义先进文化是面向、依靠和服务于人民大众的文化，认识到社会主义先进文化建设的宗旨是满足人民群众日益增长的精神文化需求。

综上调查结果可以看出，高校大学生在认知层面普遍认同社会主义先进文化民族的、科学的、大众的特点，对于社会主义先进文化这些特点持积极态度，这也是大学生文化自信的一种表现。

（二）"民族的、科学的、大众的"情感认同状况

问卷第24题当问及"中华民族是56个民族组成的大家庭，每个民族都有自己的民族文化，我对不同的民族文化非常感兴趣"时，38.5%的学生表示"完全符合"，47%的学生表示"基本符合"，11.5%的学生表示"不确定"，1.7%的学生表示"不太符合"，1.3%的学生表示"完全不符合"。根据调查结果显示，绝大多数大学生在情感层面认同社会主义先进文化的民族的、科学的、大众的特点。

访谈提纲第14题涉及了学生对"社会主义先进文化是民族的、科学的、大众的文化"在情感层面的认同状况。

> "文化要百花齐放，百家争鸣，中国是有着56个民族的大家庭，我们要尊重每一个民族的民族文化，相对国外文化来说，中华民族作为一个大家庭，也要尊重本国的文化。社会主义先进文化是科学的文化，是经过历史和实践证明了的，能够带领中国人民走向正确的现代化建设之路，所以社会主义先进文化必然具有科学性。我赞同社会主义先进文化应当是面向大众的文化，为大众服务，为人民服务，采取深入人民群众的文化形式，文化要从群众中来，到群众中去。"（XS09）

访谈结果与问卷调查结果一致，新时代大学生在情感层面普遍认同社会主义先进文化的民族的、科学的、大众的特点，虽然在语言上会出现一些不太准确或不太规范的表述，但是可以看出大学生对于社会主义先进文化"民族的、科学的、大众的"特点在情感上和态度上是充分支持的。

（三）"民族的、科学的、大众的"行为认同状况

问卷第25题当问及"我经常参加各种民族文化活动，通过活动，我了解和宣传民族文化"时，25.8%的学生表示"完全符合"，37.8%的学生表示"基本符合"，11.8%的学生表示"不确定"，18.1%的学生表示"不太符合"，6.5%的学生表示"完全不符合"。根据调查显示，一些大学生在行为层面对民族的、科学的、大众的社会主义先进文化践行不足。

访谈提纲第14题除了情感外，同时也涉及了学生对"社会主义先进文化是民族的、科学的、大众的文化"在行为层面的认同状况。

> "社会主义先进文化既是民族的文化，也是大众的文化，来自于人民群众，扎根于人民群众，我们学习专业知识，需要理论和实践结合，我们学到的知识最终是要为人民群众服务的，为大众服务的。大学里我们有一些协会和社团组织，有时也会组织一些传统文化活动，使我们有机会学习和了解民族文化，传承民族文化。我有时也会根据自己的兴趣参加一些这方面的活动。"（XS04）

调查问卷与访谈结果基本一致，很多大学生在行为层面践行着社会主义先进文化的民族的、科学的、大众的特点，通过参加各种校园活动和社会活动，提高自己的知识水平，锻炼自己的各项技能，为未来毕业

以后在各个岗位努力工作、服务社会做好充分的准备。但是由于活动机会、活动形式、个人兴趣等方面的原因，一些大学生在行为层面对社会主义文化"民族的、科学的、大众的"特点践行不足。

可以说，社会主义先进文化的内涵和特点获得了新时代大学生在认知和情感层面的高度认同。绝大多数大学生相信社会主义先进文化的强大生命力，对中国社会主义先进文化充满信心。新时代大学生对社会主义先进文化在认知、情感层面具有较高的认同度，但是在认同的某些行为层面上还存在着不少的问题，呈现出行为与认知、情感在某些方面不同程度的脱节现象。

综上调查结果可以看出，新时代大学生文化认同整体情况良好，已经呈现出较为明显的文化自觉。新时代大学生主体意识较强，主体性的觉醒内在地激发了文化自觉，在多元文化的环境中对本民族文化进行了重新定位与思考，认识到本民族的文化是自身立足的根本。对于外来文化，大学生基本能够理性地认识各自文化间的特色与差异，能够在多元文化的时代语境中进行跨文化的沟通，增强文化自觉意识。新时代大学生对中华优秀传统文化的继承与弘扬，对革命文化的宣传与继承，对社会主义先进文化的认可与接受，反映了大学生文化认同从自发到自觉的过程。同时我们应当看到，外在的良莠不齐的文化背景依然在影响着大学生，一些不良思想如物质文化的膨胀、消费主义、个人主义等依然存在，大学生文化认同并未达到完全理性的自觉状态，在认知、情感和行为等层面仍然呈现出或多或少的不足，尤其是行为层面的践行不足现象比较明显，大学生文化认同的培育工作仍然任重而道远。

第五章

新时代大学生文化认同的问题及原因分析

通过问卷调研的数据分析，结合质性访谈研究，对新时代大学生在中华优秀传统文化、革命文化、社会主义先进文化认知、情感、行为层面深入了解的基础上，归纳提炼出新时代大学生文化认同在这三个方面存在的问题，并针对这些问题分析影响大学生文化认同的可能的原因。

第一节　新时代大学生文化认同的主要问题

新时代大学生对于中国特色社会主义文化已经具备了较高的认同度，并且呈现出了较好的发展态势。但调查结果同时也表明，大学生的文化认同还存在一些比较明显的问题，具体表现在认知层面的认同出现不平衡现象，行为层面的认同存在薄弱的环节，以及情感层面的认同有待进一步提升。

一、认知层面的认同出现不平衡现象

认知层面的认同出现的不平衡，首先表现在认知结构上的不平衡。总的来说，新时代大学生对中华优秀传统文化的认知要优于对革命文化和社会主义先进文化的认知。大学生对中华优秀传统文化的认知均值（4.425）明显高于对社会主义先进文化（4.076）和革命文化（3.789）

的认知均值，虽然整体认知情况是良好的，但是针对社会主义先进文化和革命文化的认知必须加强，因为这三种文化是一个有机的整体，某一方面出现的偏差必然最终会影响到对其他文化内容的理解与认知。

其次是认知程度的不平衡。这主要表现在新时代大学生对中华优秀传统文化、革命文化和社会主义先进文化的认知还主要停留在感性的浅层次，并未完全上升到理性认知。大学生既需要在整体上把握中国特色社会主义文化，也需要在微观上了解中国特色社会主义文化的主要概念、核心理念与传播途径。然而根据调查结果显示，新时代大学生在对中国革命精神的认知层面较为薄弱，例如在访谈中，大多数学生都表示听说过或者了解一些革命精神，包括红船精神、井冈山精神、南泥湾精神等，但是很少有同学能准确地表达出这些革命精神的内涵与实质。只有从感性认知上升到理性认知，大学生才能更好地发挥主体意识和创新意识。因此为了树立正确的文化认同，大学生必须要深入了解中华优秀传统文化和革命文化、社会主义先进文化，把这种认知上升到理性认知的层面。

再次是个体认知的不平衡。总的来说，女大学生、学生干部、大学生党员的文化认知要高于男生、非学生干部、非党员大学生。人口因素对文化认同的确起着一定的影响作用，很多学者对此曾做过类似的研究，如董莉（2014）、胡发稳（2009）等。本次调查和访谈结果也进一步验证了他们的研究结论。除了人口因素之外，某些问卷题目中略微偏高的标准差也侧面说明了在该问题中所存在的个体差异较大。

二、情感层面的认同有待进一步提升

认同的各个心理环节之间存在着互相影响和推动的作用，情感作为其中重要的一环也是如此。具体来说，情感在信息选择环节中起到信息过滤作用，在内化环节中则以弥漫性的方式对是否内化以及内化的程度产生影响，在整个认同活动中则会始终具有一种激励作用。在认同的几个环节中，情感层面的认同比认知层面的认同更为细致和深刻。

问卷调查和访谈结果显示，新时代大学生整体上对中华优秀传统文化、革命文化和社会主义先进文化怀有比较朴素而真挚的情感。例如调查显示，大学生在回答问卷第 29 题"我认为革命精神在当今是有价值的"时，选择"完全符合"的学生占 73%，选择"基本符合"的学生占 14%，说明大部分大学生都认可革命精神的现代性价值。

但是调查结果也显示出了一些问题，提示大学生文化认同尚有进一步提升的空间。新时代大学生在整体上呈现认同，但是在一些有可能涉及自身利益的事情面前，相当数量的大学生表示了不同的选择。例如，在问卷第 2 题"你是否反感抄袭作业"中，选择"不确定""不太符合""完全不符合"的学生占到了总人数的 33.7%。再如在问卷第 17 题"我对红色历史非常感兴趣"中，选择"完全符合"的大学生只占 31%，而选择"不确定""不太符合"和"完全不符合"的大学生则接近 20%。这说明新时代大学生文化认同的情感教育方面仍然需要进一步加强，访谈的结果与问卷调查的结果基本一致。

可以说，目前部分大学生在情感层面的认同还比较薄弱，情感还主要停留在简单朴素的感性方面，尚不能发自内心地从理性出发对中国特色社会主义文化进行积极的体会、感悟和完全认同。

三、行为层面的认同存在薄弱的环节

中国古代哲学中的"知"指的是人的思想和道德，"行"则指的是实践和行动。中国古代哲学家认为知行应当统一，不仅要认识问题，还应该去付诸实践，做到知行合一，才能谓之"善"。大学生对中国特色

社会主义文化的认同过程也是如此：对文化产生认知，由认知生成情感，由情感付诸实践。认知、情感、行为之间互相促进，是一个螺旋式上升的过程。在此过程中，行为既是认同的终极目的，同时对认知和情感也具有相当大的影响和促进作用，决定着认同的最终水平。

从问卷调查和访谈结果来看，在大学生文化认同的三个方面即认知、情感、行为中，行为环节是明显较为薄弱的环节，出现了一定程度的脱节现象。新时代大学生对中华优秀传统文化、社会主义先进文化认同的某些行为层面上还存在着不少的问题，呈现出行为与认知、情感在某些方面不同程度的脱节现象，对于革命文化在认知和行为层面也存在着不少的问题，呈现出情感与认知、行为在某些方面不同程度的脱节现象。

很多情况下，新时代大学生在情感层面接受中国特色社会主义文化，在认知层面也比较了解其内容，但是却难以将其通过行动而得到真正的内化。例如，在问卷第7题，当问及大学生是否愿意支援国家建设，到国家需要的艰苦地区去工作时，选择"不确定""不太符合"和"完全不符合"的学生比例超过了30%，这一数字远远高于在认知和情感认同题目中选该类选项的比例，访谈结果也验证了这一问题的存在。

综上所述，新时代大学生对中华优秀传统文化、革命文化和社会主义先进文化的理解还主要停留在较浅的层次上，在认识程度上还有待进一步深化；在文化认同的情感层面需要进一步提升，把感性认识上升为理性认识；在文化认同的行为层面还没有完全把文化所蕴含的核心理念和价值观落实到实践中，这是目前大学生文化认同中存在的主要问题。

第二节　存在问题的主要原因分析

基于质性访谈和问卷调查的结果，结合文献研究和社会语境、时代特征分析，可以发现新时代大学生文化认同中存在的问题是诸多影响因素共同作用的结果。

一、学生个体差异性对大学生文化认同的影响

学生的个体差异主要包括性别、年龄、政治面貌等人口因素。调查结果表明，性别与大学生文化认同之间存在弱相关性，与中华优秀传统文化、革命文化和社会主义先进文化认同之间的相关性系数分别为（$\rho = 0.245, 0.138, 0.217$），女生对中华优秀传统文化、革命文化、社会主义先进文化的认同率略微高于男生。这也侧面说明中国的教育体系中男生和女生能得到均等的教育机会，从而女生能和男生一样具备相同的认知能力和行为能力。

政治面貌与大学生优秀传统文化认同之间存在弱负相关性（$\rho = -0.166$，$p = 0.017$），政治面貌与大学生革命文化认同之间存在弱负相关性（$\rho = -0.114$，$p = 0.001$），政治面貌与大学生社会主义先进文化认同之间存在弱负相关性（$\rho = -0.136$，$p = 0.014$），大学生党员对中华优秀传统文化、革命文化、社会主义先进文化的认同率高于非党员的大学生。总体来看，在政治面貌的影响因素中，党员与非党员大学生对文化认同情况有一定的差异，党员大学生比非党员大学生文化认同程度较高。一方面，这说明在校期间入党的大学生具有比较好的人文素养，学习文化积极性较高，综合素质比较好。另一方面，也说明党员大学生能

积极地参加学校组织的各种活动，比一般的同学有更多的机会和意愿接触有关文化的各种形式的活动，所以文化认同度较一般同学要高。

年级与大学生优秀传统文化认同之间存在弱相关性（$\rho = 0.165$，$p = 0.017$），年级与大学生革命文化认同之间存在弱相关性（$\rho = 0.116$，$p = 0.005$），年级与大学生社会主义先进文化认同之间存在弱相关性（$\rho = 0.125$，$p = 0.021$），大学生对中华优秀传统文化、革命文化、社会主义先进文化的认同随着年级的增加而逐渐缓慢地提高。因为随着年级的升高，学生文化素养不断提升，所以出现高年级学生文化认同度稍微高于低年级学生的现象。

大学生的干部任职情况与其中华优秀传统文化认同之间存在弱负相关性（$\rho = -0.222$，$p = 0.001$），大学生是否曾任班级干部与其对革命文化的认同之间存在弱负相关性（$\rho = -0.161$，$p = 0.020$），大学生的任职情况与其对社会主义先进文化的认同之间存在弱负相关性（$\rho = -0.192, p = 0.002$），担任学生干部的大学生对中华优秀传统文化、革命文化、社会主义先进文化的认同要略高于不担任学生干部的大学生。这说明能够担任学生干部的同学具有较好的人文素质，班级里面能起到带头作用，积极选修人文类课程和参加校园文化活动，从而表现出较高的文化认同度。

二、多元文化思潮引发大学生文化认同的困惑

在当前全球化的背景下，社会上出现多元文化思潮，"当前，世界范围内各种思潮交流交融交锋，国内各种矛盾和热点问题叠加出现，境内外敌对势力对我国实施西化、分化战略一刻也没有放松，这些都对青

年的世界观、人生观、价值观产生着潜移默化的影响"①。随着我国经济改革和对外开放的进一步深入,大门打开之后,从西方国家传入各种文化思潮和各种文化价值观念,这些思潮和价值观良莠不齐,泥沙俱下,对我国原有的道德价值规范以及思想和生活观念形成了不小的冲击,从而使得当今中国社会的文化日益呈现出多元化的趋势。文化多元化是把双刃剑,一方面它能促进文明的传播和人类社会的进步,另一方面,异质文化之间的碰撞与冲突有可能会使矛盾激化,产生意识形态方面的冲突和斗争。

第一是制度层面上的中西文化之间的冲突。由于社会制度的差异,打着文明旗帜的西方国家,一直向他国推行其所谓普世的价值尺度,试图将西方的价值观念强加给中国,改变中国民众的价值观和文化认同。对于大学生而言,由于他们的人生观尚未成型,社会经验不多,甄别是非的能力不足,很难看清楚形式上极具隐蔽性的西方输入文化的政治内涵和意图,经常会产生错误的认知和行为,从而在这一群体的文化认同方面出现一定的问题甚至危机。

第二是社会转型带来的文化价值观念之间的冲突。当前由于快速的经济发展和多元文化环境的影响,中国社会进入转型期,社会的急剧变迁使得新旧观念之间、异质文化同本土文化之间产生激烈的冲突,造成社会价值观的模糊和思想文化领域的震荡。新时代大学生正处于人生观、价值观形成的关键时期,这种巨大的社会变化会对他们产生深层次的影响,使其尚未成型的人生观、价值观受到冲击,在多元文化价值观的冲突中呈现出迷惘与彷徨,在寻求协调与整合的过程中如果得不到正

---

① 中共中央文献研究室.习近平关于青少年和共青团工作论述摘编 [M].北京:中央文献出版社,2017:23.

确的引导和教育，有可能形成错误的文化价值观。

第三是社会内部不同代际文化之间的冲突。代际文化（generational culture）是以代际（generation）作为群体划分标准的亚文化。"在文化干涉和文化交际的外力作用下，激起发生在同一文化空间内的民族内部的文化分解，并随之产生多元文化以及亚文化，产生文化的差异、冲击、矛盾和斗争，这也应当属于文化冲突的范畴"①。代际文化冲突发生的原因是两代人在思想、道德观、价值观、人生观以及行为方式上存在着差异，文化价值观之间发生了互斥，同时又因为具有不可沟通性或者沟通失败而产生了冲突。在社会转型期，代际冲突可能会因为社会结构变革而变得明显甚至升级。大学生作为年轻群体的代表，思维活跃，崇尚个性，喜欢标新立异，同上辈人之间经常会产生意见和行为的分歧。这种代际之间的文化冲突虽然难以避免，但是可以在充分沟通的基础上加以引导，从而扬其长避其短，达到和谐发展的境界。

第四是不同社会思想流派之间的文化冲突。当今的中国社会除了主流文化之外，还存在着各种形形色色的社会思想和文化主张，例如存在主义、现代主义、后现代主义、自由主义、东方主义等。关于中国文化的现代性问题，也是各种文化流派交织在一起，如"全盘西化"论、"复兴儒学"论、"中西结合"论等。所有这些都构成了当代复杂的多元文化环境。

在这种多元文化环境中，各种思想、流派、价值观、道德观、伦理观之间的冲突，对于尚处于生长发育期、尚未形成稳定人生观的大学生来说，会直接造成文化认同上的困惑和失衡，形成价值观念和道德行为上的反常现象，表现出政治意识淡薄、民族意识淡化、社会责任感降

---

① 王寒松．当代文化冲突与青年文化思潮［D］．南开大学，1997：12.

低、在价值取向和判断上出现偏差。例如，很多大学生在生活方式的选择上更加倾向于西方大众传媒和文艺作品所建构而来的虚拟现实，在英雄观上崇拜西方个人主义色彩浓厚的救世主式的超级英雄，在生活中痴迷于西式的餐饮文化、服饰文化和节日文化，对本民族的文化却不屑于了解，在价值取向上追求自我个性，缺乏集体主义荣誉感，缺少独立思维和批判性思维的意识与能力，这些现象都反映了新时代大学生文化认同中存在的问题。

> "我身边不少同学对西方文化非常热衷，比如韩剧、西方节日、好莱坞影片等，相反对传统文化热衷度不如西方文化，我觉得这会对学生的文化认同产生不良的影响，对他们人生观、价值观的形成不利，因为我们处于思想没有完全成熟的时期，人生观、价值观不成熟，受到外来文化的影响，会对原来的价值观产生冲击，产生困惑，不能辨别是非，使我们在认知上发生偏差。"（XS08）

从访谈第 17 题的调查结果中可以看到多元文化思潮对大学生的负面影响，当今随着经济全球化进程加快，中国对外开放进一步深化，多元文化的进入使很多大学生开阔了视野的同时，也受到了西方良莠不齐的社会思潮的不良影响。大学生由于好奇心和叛逆性的原因往往容易成为受不良思潮影响最大的群体。高校大学生由于正值青春期，欠缺正确的甄别是非的能力，容易受到各种打着英雄主义、个人主义、批判精神等旗号的不良思想的误导，形成错误的价值观念。

三、网络传播构建的文化身份认同体系的虚拟

在当今信息化的世界中，网络既是信息化的重要平台，也是文化交

流的重要渠道，网络化建设是国家文化战略的重要内容。网络使人与人之间、文化与文化之间的交流更加便利和快捷，但是网络也在一定程度上模糊了时间和空间的自然界限，模糊了个体的身份，在网络所承载的世界文化道德领域，对于大学生而言必然会出现文化碰撞与冲突，也需要学会鉴别形形色色的网络信息的真伪。

"在网络社会中，一定程度上国界和距离的界限变得有些模糊，在网络上同学可以同时与地球上任何一个国家的人去交流，与不同文化的人去交流，在交流便利的同时，我们会从各个渠道接收到许多的信息，这些信息有的真有的假，我们要学会去辨别其中的真假与对错。"（XS01）

"高中毕业考上大学，以前主要忙着学习和高考，现在考上了大学，觉得自己可以休息一下了。周围很多同学跟我想法差不多，以前没有尝试或者没好好玩的东西现在都可以玩了，我们宿舍很多同学彻夜打游戏，有的学生上课时也玩手机游戏。"（XS07）

网络所构建的虚拟社会对于大学生的思想意识、价值体系、行为方式会产生深远的影响。互联网是一把双刃剑，这些影响有些是正面的，例如信息的快速传播、交流的迅捷方便等；网络同样也会对大学生的文化认同产生一定的负面影响，例如文化身份和文化价值观的模糊，文化认同实践性的缺失等。

美国政论家李普曼（Walter Lippmann）在其所著的《公众舆论》（*Public Opinion*）一书中提出过"拟态环境"（pseudo - environment）的概念。拟态环境有别于现实环境，是指大众传媒在人为的操纵下，对资讯和信息进行选择、加工和传播，将之重新进行结构化以后所建构的环境①。互联网的出现进一步强化了这种拟态环境并使之成为虚拟环境，从而使人类社会呈现出两种形态：现实的社会和网络中虚拟的社会。这种虚拟的社会借助于互联网等传播平台，通过各种数字化的文化符号对现实社会进行复制和模拟，从而建构出虚拟社会中的来源于现实但又区别于现实的虚拟文化。在这种虚拟文化世界里，主体以虚拟的形式存在，按照虚拟社会的游戏规则和社会法则，与虚拟世界中的其他个体存在进行物质与信息的交换，在虚拟的世界中进行文化与精神的消费。网络虚拟社会中的时空概念更加开放，网络社会中主体的身份更具多元性，网络社会中的行为具有更大的自主性，由此网络虚拟社会中的文化空间相对比较独立。虚拟社会具有"去自然化"（denaturalizing）的特征，自由度比较高，各种文化相对可以自由传播，主体可以较为自由地选择、接受和创新文化，现实世界中的组织机构难以对虚拟社会中的文化发展形成垄断和操纵。

在网络虚拟社会中，多元文化的特性更为明显，各种文化在这里都能找到自身的存在发展空间和接受群体，包括主流文化和亚文化、显性文化和隐性文化、精英文化和草根文化、传统文化和现代文化等，这些共存的、不同类型的、有可能互相冲突的文化都对虚拟社会中的存在主体产生着或多或少的影响。当代大学生也是生活在这样一个现实世界与虚拟世界共存的社会中，两种世界的交互作用使大学生身上形成了一个虚拟的文化认同体系。

在这种网络媒体构成的虚拟社会中，大学生的思想方式和行为方式相对于现实社会更加自由。互联网中的信息传播速度快、范围广，个体

---

① 李普曼. 公众舆论 [M]. 阎克文, 译. 上海：上海人民出版社, 2006.

可以借助电邮、社交软件、论坛等手段实现信息的传播与共享。在虚拟社区中，交际上的时空障碍被打破，现实生活中的很多道德规范也被弱化，传统社会中的等级关系被逐渐动摇，人们可以随时随地与身处世界各地的家人、朋友乃至陌生人进行交流，从而使人们的身份具有一定程度的流动性（fluidity）和表演性（performativity）。在大学阶段，大学生会受到来自各个方面的影响，例如来自家庭、学校以及社会的不同思想观念的影响，虚拟世界里的各种文化信息通过现代的传媒方式冲击着他们，良莠不齐的思想可能会使大学生的价值观模糊或者出现偏差，与正确的文化认同相背离。

网络社会中行为的虚拟性也会在一定程度上造成大学生文化认同中实践性的缺失。大学生文化认同包含知、情、行三个方面，其中实践是一个关键环节，因为个体必须在反复的实践中形成习惯，才能将所认知的文化信息、道德规范上升为信念。但是在网络建构的虚拟社会中，大学生文化认同过程是在人机信息交流的虚拟环境和形式中进行的，缺少真实的沟通环境和实践环节。由于缺少社会实践对文化认同的调整，一些大学生在文化认同过程中会不适应现实社会生活，或者不理解现实生活中与自己理想和期待相悖的事情，从而无法正确地认识世界，进而也无法形成正确的文化认同。

在网络社会，政治社会生活因为互联网的开放性而增加了透明度。这种透明度在增加了社会民主和群众参与度的同时，也暴露出社会生活中很多不完善的方面，从而在大学生的理想和现实之间产生一定的反差。这种反差有可能使大学生对现实生活产生困惑甚至失望，文化认同不断模糊，政治和文化体系的向心力被弱化。如果不加以正确的方向引导和积极的教育，大学生自身会产生思想和价值观的困惑与矛盾，影响他们形成正确的文化认同。

四、文化殖民主义导致的大学生价值观的模糊

（一）文化殖民主义是资本主义国家殖民扩张的主要形式

在当今全球化的形势下，各民族文化之间的碰撞不可避免，文化交流日益增多，相互之间的影响和融合不断推动着本民族文化朝着多元化方向发展。但是不可否认，各国由于经济、政治、军事实力不同，在文化的相互影响上也存在差异。不同文化之间的影响并非势均力敌，强势文化与弱势文化之间的区分非常明显，文化殖民主义由此产生。文化殖民主义不同于以往殖民主义的军事侵略与占领，而是利用其强势文化优势，实现文化和思想上的殖民。"所谓文化殖民主义是指以美国为首的西方强势文化凭借其超强的经济、政治、军事以及报刊、书籍、电脑软件、电影、电视台和互联网等传媒优势，自觉或不自觉地推销自己的经济理念、政治理念、文化意识形态、价值观和生活方式等，以便在文化和思想上影响、同化他国的一种不平等的国际文化交流现象"①。在西方文化殖民主义的渗透下，处于弱势的文化群体在不知不觉中，接受西方强势文化传播的文化价值理念，这种潜移默化、无声无息的影响，表现在其生活的方方面面，如英国社会学家约翰·汤林森（John Tomlinson）所阐述的帝国主义强势文化的输出，使得第三世界国家人民对民族传统文化的"集体遗忘"（collective forgetting）②。当今的文化殖民主义具有以下非强制性和隐蔽性两个特点：

首先是非强制性。当代国际社会中，西方发达国家虽然在政治、经济乃至军事上都具有强势地位，但是随着全球化的发展、发展中国家经

---

① 刘海静．全球化的文化内涵与文化殖民主义［J］．理论导刊，2006（2）：79．
② 汤林森．文化帝国主义［M］．上海：上海人民出版社，1999．

济的发展和国际地位的提高，使得发达国家对发展中国家的文化殖民开始有了非强制性的特点，一改以往的强势作风，改为通过和颜悦色的"交流"和"对话"对外输出其文化产品，将其哲学思想、价值观念、意识形态和生活方式通过网络、影视、书籍、歌曲等传播媒介输出到第三世界。大学生由于天性好奇，喜欢新生事物，追逐时尚，于是不少大学生盲目地消费外国的文化产品，盲目模仿并崇拜西方的生活方式，对于本土文化却不屑于了解，从而造成文化认同的模糊。

其次是隐蔽性。西方国家在向第三世界输送其价值观念、文化形态、生活方式时，无一例外地进行了精美的包装，通过文化学术的"研究成果"、文化产品的推销和大众传媒的宣传，在潜移默化中进行西方价值观的渗透，影响人们意识的深层面。高校是西方文化殖民的重要阵地，无论是高校教师还是大学生都容易成为文化殖民的对象。高校教师容易接受先进的文化，也容易主观上或客观上成为西方文化的传播者。少数高校教师接受了西方意识形态，在向大学生传播西方观念的同时，忽视甚至抛弃了本民族文化，通过西方的权力话语和思维方式进行文化再生产。对于大学生来说，在缺少正确的人生观、价值观指引时，由于文化殖民的隐蔽的、温和的方式，大学生难以甄别是非，往往在不知不觉中接受了西方的价值观念。因此，文化殖民对人们的影响尤其是对大学生的影响往往是潜在的、隐蔽性的。

西方文化殖民主义的隐蔽性还表现在通过培养精英人才输出其价值观念。西方发达国家进行文化殖民还有一种重要方式，就是在"交流""对话""访学""深造""援助"等旗号下进行文化交流，通过这种方式，将全球人才网罗到自己国家，培养精英人才，在利用这些人才为自己的科技、经济发展服务的同时，将自己的思想、文艺、价值观、生活方式等形式强加给其他文化群体。目前的全球竞争，很大程度上取决于并表现在对人才的争夺，人才的流动性已经成为一种世界性的潮流。西方发达国家通过设立人才移民和人才奖励制度等措施，积极吸引发展中国家的优秀人才为他们效力。这种措施往往会造成发展中国家的人才流失。这些人即使学成归国后，往往也成为西方文化在中国的传播者，成为西方价值观念和行为的代言人与示范者，为西方进一步对第三世界实施文化霸权主义和文化殖民主义提供了有利的条件。

总之，文化殖民主义因其明显的非强制性和高隐蔽性而在无形之中影响着人们的生活方式，阻断多元文化间平等沟通与对话的渠道，排斥和模糊人们原有的文化形态，矮化第三世界国家的民族传统文化，消解弱势文化存在的合理性。因此，在当今以经济全球化为主要趋势的时代，文化殖民主义已经取代战争成为资本主义国家殖民扩张的主要形式。

（二）文化殖民主义给大学生带来的负面影响

在西方文化殖民主义的蚕食下，人们的思想、观念和行为方式也逐渐受到了较大的影响，其中的负面影响在当代大学生身上表现得也比较明显。这些影响体现在生活的方方面面，包括衣食住行、人际交往、生活方式、语言表达、价值观念、审美趣味等等，对此我们必须要警惕。

1. 当代大学生行为方式的西化趋势。西方输入中国的大量物质和文化产品，通过文化殖民主义的方式影响和改变了当代大学生的生活和行为方式，表现为对传统生活方式的忽视和对西方生活方式的推崇，包括对西方饮食、服饰、节日、影视、明星、英雄的情有独钟，对西方语言方式的热衷。例如，相当一部分大学生对中国的传统节日如春节、元宵节、端午节、中秋节等逐渐失去兴趣，反而热衷于过西方愚人节、情人节、万圣节、圣诞节等洋节；一些大学生在谈起好莱坞大片和影星时如数家珍，但是对中国自己的文艺作品尤其是主旋律作品则是不屑一顾。受拜物教和消费主义的影响，一些大学生除了关心"他对我有什么用"之外，对周围的一切尤其是社会责任似乎失去了兴趣，很少再去关心道德信仰、人生意义和价值等问题。

2. 个人主义思想对当代大学生的负面影响。个人主义是强调个人自由和利益，强调自我支配的人生哲学。在文化殖民主义的强大的冲击下，西方的个人主义思想也通过各种方式培植进我国大学生的意识中。一些大学生在个人主义意识的左右下，奉行"人不为己，天诛地灭"的人生信条，以自我为本位，一味追求自我价值的实现，否定集体价值，将个人主义作为自己立身行事的准则。由于过分注重自身利益的满足和获得，这些大学生缺乏社会责任感，缺少合作精神和集体荣誉感，对集体活动缺少热情。这种个人主义思想如果不加以正确引导而占据了大学生人生观的支配地位，将会导致大学生价值观的扭曲，使得他们的社会人际关系恶化，在道德上呈现为道德冷漠和麻木。

3. 扭曲的消费观对当代大学生的影响。在经济全球化和现代传媒的助力下，承载西方消费主义观念的文化产品纷纷涌入中国。许多大学生把消费水平确定为人生价值的标准，把消费和奢侈品看作个性的特征和炫耀的资本，盲目攀比，追求超出消费能力的名牌服装和高档化妆品，甚至把品牌的高低贵贱当作评价别人的标准。这种扭曲的消费观不利于大学生形成正确的价值观和人生观，容易导致拜金主义、消费主义和享乐主义的蔓延。这种观念下的消费行为已经完全成为一种对于文化符号的消费，对于中华民族原有的质朴生活价值观是一种消解，也会为西方的文化殖民主义推波助澜。

当今世界经济全球化和多元文化是大势所趋。西方文化在中国的进入可以开阔大学生的视野，使他们学习到西方先进的科学技术和学术理念，同时也有助于大学生信息选择与鉴别能力的培养。但是我们要警惕西方文化殖民的入侵，因为西方文化的最终目的是推行其文化价值观，实现文化殖民。由于大学生还处于成长阶段，尚未形成正确成熟的价值观，缺少甄别是非的能力，面对西方文化的泛滥，如果不加以正确的引导，很可能会对大学生的自身成长产生不良影响，造成中国特色社会主义文化不能被正确认知和认同，出现对自身民族文化的淡化。

五、高校认同教育的薄弱造成文化认同的失衡

高校是大学生文化认同教育的重要基地，应当说当今文化认同教育在高校已经受到越来越高的重视，但是相对于其重要性与紧迫性来说，目前的文化认同教育还有一些薄弱之处，例如缺乏完整的课程体系设置，教育形式比较单一等，造成了大学生文化认同发展中的不平衡现象，表现在大学生文化认同中的认知层面不平衡，认知与行为出现一定程度的脱节等。

（一）与优秀传统文化、革命文化相关的课程设置较为缺乏

课程设置是做好教育工作的先决条件与重要保障，大学生文化认同教育也是如此。学校的课程设置要体现全局性、前瞻性、科学性、专业性，注重大学生综合人文素质的培养。

问卷第 49 题对大学生获得中华优秀传统文化的主要途径做了调查，根据调查结果（如图 14 所示），大学生获得传统文化的主要途径依次排序为：上网查阅（85.59%）、课堂学习（81.75%）、校园文化活动（76.95%）、媒体宣传（75%）。可见，多数大学生在获得传统文化的众多方式中排在第一的是上网查阅，同时传统的课堂学习和校园文化活动比重也很大。

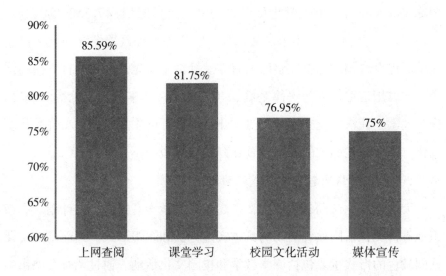

图14 大学生获取中华优秀传统文化的主要途径

其他学者此前也有类似发现，例如沈壮海研究发现，"高校在文化传承方面已经进行了积极的探索，近八成（79.0%）大学生表示所在学校开展了以文化课程和讲座为主要形式的教学实践活动，其中，44.1%的大学生表示其所在高校开设了传统文化课程，47.9%的大学生表示其所在高校举办了传统文化讲座，27.0%的大学生表示其所在高校开展了传统文化传承活动，85.6%的大学生表示参与了上述活动，74.7%的大学生对校园文化活动开展表示满意"①。

但是，当前大学在文化认同教育方面的课程设置还比较薄弱，很多高校缺乏相关的课程，或者没有形成一个完整的课程体系。例如关于问卷第12题"我所在的大学有完整的传统文化方面的课程体系"，回答

① 沈壮海，肖洋.2016年度大学生思想政治状况调查分析［J］.思想理论教育导刊，2017（1）：110.

情况"完全符合"的大学生仅占 32.18%，另外只有 17.15% 的大学生认为"基本符合"，关于革命文化教育的相关课程设置情况与此大同小异。课程设置相对比较完整的只有涉及社会主义先进文化教育方面的课程，如思想道德修养与法律基础、马克思主义基本原理概论等。总之，作为大学生获取文化知识、接受文化认同教育的主要阵地，与优秀传统文化、革命文化相关的课程设置在高校教育中并不完善。

（二）文化认同教育的形式较为单一

大学生文化认同教育形式，是高校对大学生有目的、有计划、有组织地进行文化认同教育活动的具体实施方法和组织形式。当前高校文化认同教育的形式主要包括课堂教学和校园文化活动。通过调查反映出当前文化认同的教育形式还需要进一步提高丰富性。首先，课堂教学的形式有待改进。课堂教学是大学生文化认同教育的传统渠道，也是主要渠道。有些高校教学理念比较落后、课堂教学形式比较单一是当前文化认同课堂教学形式存在的主要问题，一些教师重视对学生的单向知识传授，但相对来说忽视了学生的主体性作用，忽视了师生之间、生生之间的互动交流，从而造成学生学习比较被动，不能充分调动自主学习的积极性，不能很好地锻炼独立思维能力和批判性思维能力。

其次，校园文化活动的育人形式有待进一步丰富。校园文化活动内容和形式广泛，包括实践活动、主题教育活动、社团活动、文艺活动等，反映着一个学校的办学理念、价值观、学风和教风。不仅如此，这些活动本身以及通过活动所构建出的校园文化氛围也能够极大地影响学生的思想和态度，激励师生对校园精神文化的认同感和自豪感。更为重要的是，这些校园文化活动同时也是宣传中国特色社会主义文化的重要平台与阵地。然而，当前的大学校园文化活动形式不够丰富多彩，很多活动在内容和形式上不接地气，有些脱离大学生的实际生活，造成实际效果与预期有差距，难以引起学生的兴趣，成为新时代大学生对中华优秀传统文化、革命文化、社会主义先进文化知识学习兴趣不强的主要原因之一。一些本应发挥重要作用的校园重大文化活动经常面临着尴尬境况，例如"一二·九"运动、"九·一八"事变、"五四"运动等重大历史事件的纪念活动在部分高校校园中难以真正激发学生的参与热情，活动效果差强人意。这一定程度上说明当前高校校园文化活动的开展并不丰富，造成大学生缺乏兴趣，活动参与度低，教育效果不明显。

问卷第52题对大学生所在高校对于社会主义先进文化的教育主要形式做了调查，根据调查结果（如图15所示），高校社会主义先进文化教育主要形式依次为：主题教育活动（77.7%）、课堂教学（72.2%）、社会实践（66.7%）、专题讲座（50%）、学生研讨（36.6%）、参观走访（36.6%）。

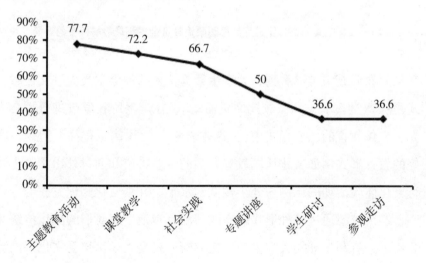

图15　大学生所在高校社会主义先进文化教育的主要形式

问卷第51题对社会主义先进文化贯穿到思想政治教育全过程的大学生最容易接受的途径做了调查，根据调查结果（如图16所示），社会主义先进文化贯穿到思想政治教育全过程最容易接受的途径依次为：68%的大学生选择"课堂教学"，64%大学生选择"校园文化活动"，55.5%的大学生选择"榜样示范"，52.7%大学生选择"媒体宣传"。

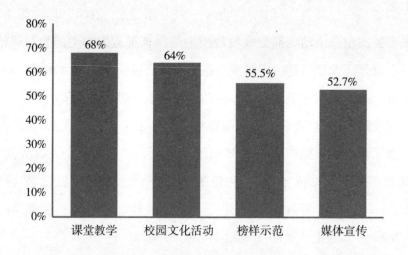

图16 社会主义先进文化贯穿到思想政治教育全过程最容易接受的途径

　　从问卷调查中可以看到，大学生最为接受的社会主义先进文化教育形式是"课堂教学"和"校园文化活动"，在学生所在学校进行社会主义先进文化教育的主要形式中，"课堂教学"的比例也很高，但是一些很好的教育形式例如文化认同教育方面的专题讲座和通过外出参观走访进行文化体验活动的比例均处于较低的水平。开展文化知识方面的专题讲座，走出校园通过各种形式的实践活动直观地了解我们的文化传统和革命历史，有利于开阔大学生的文化视野，提高大学生接受文化认同教育的主动性和积极性。总的来说，大学校园里的文化认同教育形式还有待于进一步丰富化，做到寓教于乐，真正提高教育效果。

第六章

新时代大学生文化认同培育的策略

　　习近平总书记在 2018 年全国教育大会上指出，"培养什么人，是教育的首要问题。我国是中国共产党领导的社会主义国家，这就决定了我们的教育必须把培养社会主义建设者和接班人作为根本任务，培养一代又一代拥护中国共产党领导和我国社会主义制度、立志为中国特色社会主义奋斗终身的有用人才"[1]。邓小平指出："搞社会主义精神文明，主要是使我们的各族人民都成为有理想、讲道德、有文化、守纪律的人民"[2]。新时代大学生作为实现中华民族复兴之梦的有生力量，肩负着重要的历史使命。在当今世界多元文化的环境中，提升大学生文化认同，培养大学生形成正确的文化价值观凸显出了重要的意义与紧迫性。所有的理论与实证研究的意义最终都会服务于我们的实践。从现实意义上来说，大学生文化认同研究的最终目的就是在探索大学生文化认同现状的基础上，构建出大学生文化认同的培育策略，探索培育大学生文化认同的现实途径，提高大学生的文化敏锐性，提升大学生的文化自觉和文化自信。

---

①　习近平在全国教育大会上强调坚持中国特色社会主义教育发展道路 培养德智体美劳全面发展的社会主义建设者和接班人 [N]. 人民日报，2018 – 09 – 11（1）.

②　邓小平文选（第三卷）[M]. 北京：人民出版社，1993：28.

第一节　新时代大学生文化认同培育的原则

新时代大学生文化认同培育既可以促进大学生的个人成长发展，同时也是加强和改进大学生思想政治教育的需要。大学生文化认同培育过程中，需要坚持的原则是：社会主义核心价值体系引领性和包容性相结合、传承优秀传统文化和借鉴先进外来文化相结合、外在的文化价值引领和内在的自我教育相结合、文化理论知识传授和文化实践能力培养相结合。

一、社会主义核心价值体系引领性和包容性相结合

坚持大学生文化认同的中国特色就是要坚持文化融合进程中引领性和包容性的统一，大学生文化认同应该以社会主义核心价值体系作为引领，通过中国特色社会主义文化建设和宣传达成文化共识和认可；同时，通过繁荣民族文化引领精神文明建设，在丰富多样的民族文化中培养大学生的文化自觉，增强大学生的文化自信。

社会主义核心价值体系对大学生文化认同具有引领作用，具体体现在三个方面：导向功能、规范作用和整合作用。首先是导向功能。社会主义核心价值体系以其特有的方式引导大学生对自己进行正确的定位，在价值理念上以爱国、敬业、诚信、友善作为个人层面的价值准则。同时，大学生文化认同是一种价值建构与意义生成的过程，与社会主义核心价值体系具有共同的价值取向，也可以说大学生文化认同是以社会主义核心价值体系作为文化认同的价值追求。因此，需要把社会主义核心价值体系教育融入大学生文化认同培育工作之中，形成正确的价值认

同。其次，社会主义核心价值体系对大学生文化认同起着规范作用。在社会主义核心价值体系中，当个体的思想与行为符合文化规范和道德规范要求时，并不会明显感受到社会价值观的制约作用，但当我们的行为有悖于社会文化规范和道德规范时，社会主义核心价值体系的规约效应和力量就会介入，成为社会个体内在和外在的行为规则。社会主义核心价值体系对大学生文化认同的第三个作用是整合。基于社会主义核心价值体系对内部各种文化价值观的整合，可以发挥文化自身的开放性、反思性和超越性，促进文化价值观念与价值规范根据时代的发展、社会的进步而不断进行自我更新，提高文化发展的自觉性与主动性。社会主义核心价值体系的整合作用可以将体系内四个层面的要求紧密结合大学生的文化认知和文化行为，使得社会主义文化建设能够从大学生的实际需求出发，成为大学生文化认同的推动力与价值目标。

在坚持引领性的同时，尊重和包容多样性，就是尊重共同文化价值目标下个体的独立性，尊重个人进行文化选择的权利。社会主义核心价值体系的引领地位，意味着体系内部是多元化社会思想与价值观的整合与统一。党的十九大报告指出："我国社会主要矛盾已经转化为人民日益增长的美好生活需要和不平衡不充分的发展之间的矛盾"①。不平衡已经成为当代社会的时代特征之一，无论是经济、文化还是价值体系都是如此。在社会改革深入进行、思想观念深刻变化的今天，要想增强大学生文化认同，减少不良社会思潮对大学生的负面影响，减少各种思想的冲突，需要直面文化认同中的个体差异，在社会主义核心价值体系的引领中包容多样性的社会文化样态，在文艺领域形成百花齐放、百家争

---

① 习近平. 决胜全面建成小康社会 夺取新时代中国特色社会主义伟大胜利——在中国共产党第十九次全国代表大会上的报告［M］. 北京：人民出版社，2017：19.

鸣的局面，使中国特色社会主义文化得到进一步发展，使民族文化与外来文化中的有益成分能够互相交融。唯有这样才能在大学生中形成思想共识，引领大学生以积极向上的精神面貌，积极投入到提高自身综合素质、建设中国特色社会主义的事业中。

二、传承优秀传统文化和借鉴先进外来文化相结合

当今的时代是信息爆炸的时代，也是协调与沟通的时代，任何国家、任何文化都不可能孤立地存在和发展。在全球化的语境中必须要以积极的心态面对文化冲突，促进文化融合，处理好本土文化与外来文化的关系，把传承中华优秀传统文化和借鉴先进外来文化有机结合起来。

（一）传承中华优秀传统文化

大学生必须要立足于中华优秀传统文化的深厚土壤中，立足于革命文化的精神宝库之中，立足于社会主义先进文化的养料之中，明确自己肩负的社会责任与历史使命，明确自己的优势与不足，面向现代化，面向世界，面向未来，汲取古今中外的优秀文化成果，以发展的眼光和批判的视角定位自身与各种文化的地位和价值，在理性的选择、继承、发展、扬弃中前进。"中华民族有着深厚文化传统，形成了富有特色的思想体系，体现了中国人几千年来积累的知识智慧和理性思辨。中华文明延续着我们国家和民族的精神血脉，既需要薪火相传、代代守护，也需要与时俱进、推陈出新。要加强对中华优秀传统文化的挖掘和阐发，使中华民族基本的文化基因与当代文化相适应、与现代社会相协调，……推动中华文明创造性转化、创新性发展"①。

我们只有坚持发扬中华优秀传统文化自身的特性和独有的魅力，坚

---

① 加快构建中国特色哲学社会科学［N］. 人民日报，2016－05－20（1）.

定地走具有中国特色的社会主义道路，才会在世界文化中书写中华文化的绚丽篇章，从而在世界民族之林站稳脚跟。中华优秀传统文化的人文精神推崇仁爱原则，重视人伦价值，强调整体高于个体，提倡社会责任与担当，追求天下大同的社会理想。大学生作为中华传统人文精神和传统文化的继承者和弘扬者，"要坚持古为今用、以古为鉴，坚持有鉴别地对待、有扬弃地继承，而不能搞厚古薄今、以古非今，努力实现传统文化的创造性转化、创新性发展，使之与现实文化相融相通"①。中华优秀传统文化已经成为中华民族数千年来得以传承发展继往开来的精神支柱和源源动力。作为未来社会发展的有生力量，大学生既是传统文化的实践者，又是传统人文精神的传承人。

为了提高对中华优秀传统文化的认同，大学生需要努力学习中国历史，包括讲述中国五千年文明的中国古代历史和记载中国革命斗争的中国近现代史。大学生如果不了解华夏文明在历史上的光辉成就，便难以产生对中华优秀传统文化的自豪感，从而难以产生对中华优秀传统文化的认同。如果不正确了解中国近代历史，不了解近代中国在共产党领导下带领人民群众为民族独立与解放浴血奋战的历史，便无法深刻认识到中国走上社会主义道路的历史必然性与合理性，对于革命文化和社会主义先进文化便难以形成正确的、深刻的认知。以史为鉴，大学生只有通过学习历史，才能从宏观上正确认知中华民族数千年来文化的兴衰起伏，才能从历史唯物主义的角度，从复杂的历史进程中把握中国特色社会主义文化发展乃至社会发展的一般性规律，从而提高对中国特色社会主义文化的认同，通过不断地学习、继承和弘扬中华优秀传统文化，使中华优秀传统文化得以代代相传。

----

① 习近平谈治国理政（第二卷）［M］．北京：外文出版社，2017：313.

（二）借鉴先进外来文化

在传承和弘扬中华优秀传统文化的同时，大学生在对待外来文化时，也要正确认识外来文化，善于学习、吸收和借鉴世界文化中的优秀成分，放眼全球，使中华民族昂首走向世界，屹立于世界民族之林。在当代，任何民族精神和民族文化在封闭中都无法发展，闭关自守故步自封只能导致自我窒息。事实上，中华文明的形成与发展过程正是与各种外来文化不断交流的过程，也正是因为如此才具有强大的生命力。正如季羡林先生所说，"倘若拿河流来作比，中华文化这一条长河，有水满的时候，也有水少的时候，但却从未枯竭。原因就是有新水注入。注入的次数大大小小是颇多的。最大的有两次，一次是从印度来的水，一次是从西方来的水"①。在当今世界多元文化的背景下，要真正弘扬中华优秀传统文化和人文精神，必须紧跟时代发展，摒弃狭隘的民族主义，重视吸收世界各国优秀文化成果。

高校作为信息汇聚与传播的主要场域，始终处于世界各种文化和思想流派交汇的前沿，而大学生则成为率先接受各种外来文化的主要群体。新时代大学生思想开放，思维活跃，喜欢挑战，愿意尝试新生事物，但由于他们思想尚不成熟，甄别能力不强，在多种社会思想和文化流派的冲突中容易出现困惑和失落。因此，有必要采取多种文化活动和教育形式，系统介绍外来文化的基本知识和基本理念，使大学生对外来文化有一个比较正确的认识，能够鉴别是非，剔除糟粕，吸收借鉴其中的有益成分，开阔他们的全球性视野。

在新时代大学生文化认同的培育中，需要教育大学生正确认识外来文化与本土文化的关系，坚持交流借鉴，互惠互利，怀着客观、理性、

---

① 林煌天．中国翻译词典［M］．武汉：湖北教育出版社，2005：2.

包容的心态来对待外来文化。只有尊重文化差异，在求同存异中增进思想共性，才能增进文化认同，使本土文化与外来文化在不断的交流、沟通、比较中互通有无，互相促进。

三、外在的文化价值引领和内在的自我教育相结合

从教育层面上讲，大学生文化认同包括教育者的外在文化价值引领，以及受教育者即大学生的内在自我教育，二者是辩证统一的关系。外在文化价值引领通过对大学生积极的教育和引导，确保大学生形成正确的文化价值观；而大学生则通过内在的自我教育，将所认知到的教育内容真正理解并内化于心。文化认同是对文化在认知、情感和行为上的全方位接受，这种接受是一种内化过程，是文化认同的主体将某种文化信息、符号或价值观纳入自己的认知体系和实践模式。文化认同培育本质上是一种价值引导，能够直接通过讲授方式进行教育的只是其中的认知部分，而情感和行为部分却难以仅仅通过讲授的方式完成。所以，在文化认同培育过程中，需要内在内化和外在引导的合力介入。

自我教育是指受教育者根据教育的目标和要求，在自我意识和自我控制的基础上通过自我认知、自我思考、自我体验主动接受某种先进的理念、价值观和实践训练，从而实现教育目标，养成良好思想和行为的教育方式。自我教育强调的是受教育者的主动性和自觉性，体现以受教育者为教育中心的理念。在自我教育模式中，教育者虽然并非完全隐形，但主要作为外因起到引导作用，而真正在知识内化和思想升华过程中发挥作用的是受教育者积极主动地学习与接受。大学生经过中学阶段的学习，已经具备一定的文化知识基础，并且大都养成了一定程度的自我学习习惯和能力，对于他们来说自我教育是非常有效的一种方式。也就是说，文化认同很大程度上取决于大学生自我教育能力的提高。

同时，由于很多大学生思想还不够成熟，良好的学习习惯与方法还没有完全养成，他们进行自我教育的时候仍需要必要的外在文化引领，需要给予他们一定的理论与方法指导。任何一种科学的或文化上的思想体系，难以完全通过个体的经验式的方式自发获得，必须要通过系统的理论学习和大量的实践检验才能形成，在这个过程中显而易见需要大量必要的外在引领。受年龄和环境所限，很多大学生的思想还比较稚嫩，社会经验不足，因此对他们来说，必要的文化认同引领可以使大学生形成中国特色社会主义文化的系统性认识，培养出深厚的情感并内化于心，外化于行，从而为提高大学生文化认同打下坚实基础。

四、文化理论知识传授和文化实践能力培养相结合

在培育新时代大学生文化认同的过程中，为了保持大学生文化认同中认知、情感、行为的平衡发展，教育者既要重视对大学生的文化理论知识传授，又要坚持大学生文化实践能力的培养，实现知行统一，针对现实国情与新时代大学生的实际情况，有针对性地向大学生进行文化认同引导教育，使他们树立正确的文化观。文化理论知识来自于实践最终又应用于实践，通过文化理论知识传授与文化实践活动的结合，可以加深对文化理论知识的理解，提高实践动手能力，固化文化理论知识学习的成果，提高理论联系实际的意识，并最终培育文化自觉意识。

要做到文化认同中文化理论知识传授与文化实践能力培养的密切结合，一方面，文化理论知识传授要结合社会实际和被教育者的实际情况进行，要有实践环节与之配合；另一方面，实践教育要制定明确的教育目标，明确正确的文化理论导向。在理论教育和实践教育环节中，教育的内容和方法要避免空洞化、形式化、说教化，要针对大学生现实生活中遇到的实际问题，采用大学生容易接受的方式进行指导和教育。理论与实践也是辩证统一的关系，实践离不开理论的指导，思想离不开实践的检验。同文化理论教育相比，由于实践教育的形式通常更具多样性，教育效果更为直观深刻，所以作为一种教育方法往往比文化理论教育更为生动有效。因此，为了提升大学生文化认同，必须重视文化理论知识传授和文化实践教育相结合，深入开展各种大学生喜闻乐见的文化实践活动，这样不仅有利于提高大学生文化认同的认知水平，引导大学生对于中国特色社会主义文化形成深厚真挚的情感态度，还可以在实际行动中检验大学生文化认同中的文化践行水平。

第二节　新时代大学生文化认同培育的关键内容

调研发现新时代大学生文化认同过程中认知层面的认同出现不平衡现象，行为层面的认同存在薄弱的环节，以及情感层面的认同有待进一步提升。结合当前国内外形势、我国大学生思想政治教育发展的需要以及大学生文化认同现状，应从以下几个方面作为关键内容，加强大学生文化认同的培育。

一、加强认知引导，引领正确方向

高校是社会政治与文化的晴雨表，是信息交流汇聚、思想融合碰撞的前沿阵地，经常成为互为异质的各种文化思潮的汇合地。由于大学生文化理论基础较浅，面对高校和社会上多元的思想文化环境，难免会容易引发思想的困惑。因此对大学生加强正确认知引导，引领文化认知的正确方向尤为重要。

（一）针对个体差异性进行主体分层引导

主体分层引导是个性化教育的一种重要方式，大学生个性化教育主要是指以大学生为培养主体，为实现人才培养的预期目标，在科学的教育理念指导下，采用个性化的教学模式，实现对培养主体的独特性、主体性、创新性培养。加强大学生个性化教育，强调以学生为教育的中心，可以顺应社会主义新时期的素质教育理念，在培养学生综合素质的前提下注重学生的个性化发展。

构建个性化的育人模式是做好新时代大学生文化认同培育工作的现实需要。培育大学生的文化认同，就是要使大学生深层认同中国特色社会主义文化，培养具有坚定文化信念、良好道德修养和正确行为规范的中国特色社会主义事业建设的接班人。为了实现这一目标，就必须对大学生进行主体分层引导，增强文化认同培育工作的实效性。新时代大学生成长的家庭、社会和教育环境同以往相比有了很大变化，家庭之间、地区发展之间的不平衡现象也变得更加突出，这些因素都决定了新时代大学生大都具有比较强烈的个性特征。不同年龄、性别、年级、民族、居住地、政治面貌的大学生在价值观、思想水平、文化认知水平乃至意识形态方面都有着较大的差异。因此，针对不同的大学生群体构建个性化的教育模式，是做好大学生文化认同培育工作的现实需要。要把握大学生成长的基本规律，从大学生身心发育成长的特点和差异性出发，从每位大学生的实际情况出发，真正做到以人为本，做到文化认同培育的统一性与个性化相结合，与时俱进，培养社会主义现代化建设的有用人才。

（二）针对需求特点进行分层引导

对于大学生文化认同分层引导要着力于解决大学生的现实需求问题，调节大学生的需求观念，解决大学生文化认同中的精神困惑。

1. 解决大学生的现实需求问题。解决大学生的现实问题，就要把握大学生的心理特点，了解大学生普遍关注的社会问题与涉及大学生切身利益的问题，把与大学生有密切利益关系的现实需求作为教育工作的切入点。学生利益根据其紧迫性可分为两种：当前利益和长远利益。当前利益主要涉及学生的经济利益和就业问题，而长远利益主要指的是学生毕业之后的远期成才发展问题。我们可以将大学生所遇到的实际问题根据利益需求的不同层次进行分类，通过解决大学生的现实问题和疑惑来帮助学生慢慢转变思想观念，建立起正确的认知和价值观。

2. 引导大学生养成正确的需求观念。人的需求有不同的层次，有物质需求与精神需求，有个人需求和社会需求，有正当的需求和不正当的需求。为了培育大学生正确的文化认同，需要引导大学生培养社会责任意识，引导大学生树立正确的需求观念，具体措施包括两个方面：提高大学生的社会化程度，调节大学生社会需要同其他需求之间的矛盾。首先是提高社会化程度。社会化过程就是通过参与各种形式的社会实践活动，不断获取社会信息、积累社会知识、掌握各种社会技能，把先进的社会理念和社会道德规范内化为自身的行为准则的过程。大学生社会化过程的最理想状态，就是大学生能够客观、全面地认识自身，认识社会环境，在这种状态中，大学生自身与社会和谐融合，主观与客观达到动态的平衡。为了达到这种理想状态，需要积极引导大学生正确认识自己和周围世界，正确处理自我、他者和环境之间的关系，教育大学生了解并遵守社会法律和道德规范，积极参与社会实践，明确自己的社会责任和历史使命，培养和不断增强社会责任感，为未来投身社会主义现代化建设做好全面的准备。其次是合理调节大学生社会需求同其他需求之间的矛盾。部分大学生受个人主义和利己主义的影响，缺乏家国意识和社会责任心，处处把自己的利益放在首位。有的大学生目光短浅，只顾眼前利益，没有长远规划。有的大学生则错误地认为个人的社会需求不需要他人的帮助就能自给自足，从而出现自我封闭的孤立行为倾向。针对这些社会需求方面的错误认知，应当引导大学生把社会需求同时代的需求相结合，把个人社会需求的实现同对自身所做的社会贡献相结合，增强社会责任意识，树立远大理想，确立与社会主义核心价值观相一致的人生观和人生目标。

3. 帮助大学生解决精神需求的困惑。大学生是一个比较特殊的青年群体，他们的知识储备相对较多，求知欲强，渴望发展，喜欢新生事物，对个人和社会的未来充满憧憬；同时，他们的价值观还不太稳定，生活中尤其是精神上和心理上极富矛盾性。受复杂文化环境的影响，他们既期望实现自己的人生价值，又在价值观念和理想信念上存在困惑和迷惘。因此，大学生的文化认同培育要契合大学生的精神需求，从大学生的心理特点出发，培养他们树立远大的理想信念，帮助他们解决精神方面的困惑，引导大学生注重心理健康教育，塑造健康健全的人格品质，树立积极向上的人生理想和高尚的思想境界，使大学生在不断追求人生与社会理想的过程中实现自己的个人价值。

（三）针对外来文化影响因素加强教育引导

第一，加强马克思主义理论教育。

不少大学生由于马克思主义理论修养不足，在阅读西方著作、接触西方学术思想和文化思潮时，盲目将西方的文化视为圭臬，政治方向出现偏差。因此，高校必须重视大学生的马克思主义理论教育，使大学生掌握马克思主义基本理论，包括唯物论、认识论、辩证法和唯物史观的基本思想，在认识世界和改造世界的实践中必须坚持以马克思主义的立场为出发点。通过系统的马克思主义基本理论教育，使大学生能自觉运用马克思主义理论强大的思想武器，正确认知和认同中国特色社会主义文化。只有这样，大学生才能在当今风云变幻的国际形势和复杂的文化环境中，能够不断增强抵御政治和文化上各种风险的能力，提高甄别与分析各种文化现象与内容本质的能力。

第二，加强社会主义核心价值观教育。

培养和引导大学生的文化认同，坚定大学生的文化自信，核心是培育和弘扬社会主义核心价值观，因为核心价值观自信是文化自信的根本要求和集中体现。习近平指出，"核心价值观是文化软实力的灵魂、文化软实力建设的重点。这是决定文化性质和方向的最深层次要素。一个国家的文化软实力，从根本上说，取决于其核心价值观的生命力、凝聚力、感召力"①。社会主义核心价值观是社会主义社会所倡导的价值观念的集中体现，代表了社会主义社会评判是非曲直的价值标准，凝聚着中华民族深层次的精神追求。在当今复杂的社会文化环境中，各种良莠不齐的文化思潮使一些大学生在价值观的认知与选择上出现迷惘，因此有必要通过加强社会主义核心价值观教育来引导和促进大学生文化认同。在社会主义核心价值观教育中，需要注意方式方法，避免机械的说教，需要尽量将社会主义核心价值观教育融入大学生的日常学习与生活中，尊重学生学习的主体地位，充分运用环境对人的价值观念的潜移默化的影响作用，利用社会各种教育力量所形成的合力，创建良好的社会文化氛围，提高社会主义核心价值观教育的效果，使大学生真正地接受、践行并内化社会主义核心价值观。

第三，加强基本国情教育。

近年来，西方国家一改以往的战争侵略形式，通过向第三世界国家大量输送其文化形态、价值观念和生活方式，在潜移默化中开展文化殖

---

① 习近平谈治国理政［M］. 北京：外文出版社，2014：163.

民主义。受文化殖民主义的影响，一些大学生在思维方式、社交方式、价值观念乃至社会实践方式上都逐渐趋向西化。因此，在对大学生进行文化认同教育的过程中，必须教育大学生了解我国现阶段的基本国情，使大学生认识到中国改革开放和社会主义建设进程中出现的问题是阶段性的问题，这些问题有历史和文化的原因，生搬套用西方的文化价值理念非但解决不了这些问题，反而只会走入误区和死胡同。向大学生进行基本国情教育，需要教育者从中国社会各方面的现实出发，在历史和时代的语境中分析具体问题产生的内部与外部因素，揭示我国坚定不移走社会主义道路的必然性，坚持四项基本原则的重要性，坚持以经济建设为中心和坚持改革开放的必要性，以及党在新时期的各项方针政策的科学性，从而使大学生增强文化认同水平，增进国情认识，提高在复杂文化环境中对各种文化样态与现象的甄别能力。

二、强化情感培养，坚定认同信念

在文化认同中，由认知到行为的转化过程比较复杂，情感是这个过程中重要的中间环节。良好文化认同的形成既需要有正确的认知以及充分的实践，又要有非理性领域中的良好的情感。情感因素是产生行为的重要源泉、媒介与推动力，情感因素在文化认同的培养和形成过程中具有重要的地位。人的情感主要包括道德感、美感和理智感，其中道德感的培育是新时代大学生文化认同培育在情感认同上的重要内容。大学生要培养情感认同，具有积极向上的情感，就必须要有正确的道德感、坚强的道德意志和坚定的道德信念。

（一）培养正确的道德感

道德感是人特有的高级社会性情感，是遵循某种社会特定的道德伦理标准评价主体的思想、观念和行为时，在主体内心所产生的与道德评价相联系的情感。道德感主要表现为对祖国和人民的热爱情感、社会责任感、集体荣誉感。道德情感的基础是道德认知，是一种主观感受，客体是否满足主体自身的道德需要是能否产生这种主观感受的前提条件。道德情感的形成是一个慢慢酝酿积累的过程，但是道德情感一旦形成便具有强烈的外显性，正是由于这种外显性使得道德情感具有巨大的感染力。所以，道德情感具有社会性，一个人的道德情感会在周围人中间激起类似的情绪体验，在情感的互相感染的氛围中引起道德上的情感共鸣。培育大学生形成真挚浓厚的道德情感在大学生的文化认同培育中具有重要的意义，为此需要做好教学模式和教学内容的改革。首先在教学模式上进行探索，从"引导—陶冶—激励—调控"等环节入手，完善课程设置，使大学生在整个课程学习中，能够接收正确的情感信息、感悟浓厚的情感意蕴、培育强烈的情感动力、调整真挚的情感状态。通过情感教学模式的改革、建构和实施，最大程度地发挥道德情感在大学生文化认同培育中的积极作用。其次是选择合适的道德情感教育内容，除了道德理论知识的传授之外，更重要的是利用榜样的形象与学校和社会中的感人事例，培养大学生形成正确的道德情感。同时，可以充分利用一些重要的社会契机，例如传统节日和重大事件，找准利用这些社会契机开展道德情感教育的契合点和切入点，引导大学生通过参与各种校园活动和社会实践活动，在践行中培养和固化优秀的道德情感。

（二）培养坚强的道德意志

道德意志是主体按照道德规范和道德原则进行道德选择和实施道德行为时，在调节自身行动、克服困难中展现出来的能力和毅力。培养大学生坚强的道德意志在大学生的文化认同培育中具有重要的意义，可以从两个方面入手做好培养工作。首先是大学生需要加强自我道德修养。

自觉与恒心是构成个人道德意志的基本要素，所以在培养大学生的道德意志时，要注意发展锻炼和提高大学生的自我意识，不断增强大学生的自我激励、自我监督、自我评估、自我审查、自我超越的能力。其次是强化大学生的道德意志训练。形成坚强的道德意志绝非一夕之功就能完成的，必须要经过长期的训练和磨炼才能获得。由此，要通过长期组织各种形式的体验教育活动，引导大学生在学习与生活的各个领域进行积极的体验、实践和反思，从而增强个人道德品质，提升道德意志，提高个人修养。

（三）培养坚定的道德信念

道德信念的形成是主体的道德情感和道德意志的内化过程。确立后的道德信念会稳定地给主体的道德行为提供强大的精神支持动力。培养大学生坚定的道德信念，首先可以发挥优秀典型的示范作用和激励作用。道德信念教育要充分发挥校园先进道德模范的示范作用，用平凡人物的先进事迹和感人精神在大学生心中找到思想的契合点，引发大学生的心理共鸣，通过模范先进事迹的激励作用唤起大学生内心的道德情感和道德意愿，将这些情感和意愿升华为内心信念，从而最终推动大学生由道德认知层面上升到行动自觉层面。其次，培养大学生坚定的道德信念，需要以中国特色社会主义文化为引导。中国特色社会主义文化是中华民族精神的集中展现，是中华民族精神品质和价值追求。以中国特色社会主义文化为引导，进行道德信念教育，有利于充分利用新时代大学生的心理特点，使社会主义道德固化为大学生心理结构中稳定的精神动力。

三、开展文化实践，强化认同效果

文化认同必须要在实践中才能真正地强化和内化，这种实践活动可以以多种形式在多种场域中开展。首先，可以依托课程学习开展文化实践活动。课堂实践活动是教师根据课程性质和课程教学目标确定的实践教学环节。教师是活动的主导，学生作为课堂实践活动的主体，在教师的指导下直接参与体验式、实践式学习活动，感知学习、思考、研究和实践的动态过程。课程中的文化资源内容是活动的依托，以课程基础知识和基本技能的传授与学习为载体，开展实践活动。文化实践活动的形式多样，例如案例教学、情景教学、模拟教学、讨论辩论等形式，在师生之间、学生之间的互动中可以很好地促进大学生正确地理解和系统地掌握课程知识，打破时空的限制，延伸教育空间，提高大学生的动手实践能力，提升大学生的文化品位。

其次，可以开展丰富多彩的课外社会实践活动。课外实践活动是课堂教学活动的有益补充，通过课外社会实践活动，大学生可以了解社会国情、锻炼思考和动手能力，从而提高思想道德觉悟，树立科学的人生观、世界观和价值观。社会实践活动一方面有利于大学生深化理解课程内容、优化知识结构，另一方面可以养成理论联系实际的习惯，提高实践能力。校外社会实践活动主要有两种类型：教学计划内的和教学计划外的校外社会实践活动，教学计划内的校外实践活动包括劳动教育、军事训练、社会调查等，教学计划外的校外实践活动包括志愿者活动、三下乡活动、勤工助学活动、校外文化科技活动等。由于新时代大学生社会实践经验普遍比较薄弱，对社会情况和国情了解不多，因此应当大力深化校外社会实践教育，积极创造客观条件和机会，提倡和鼓励大学生广泛参加课外社会实践活动，使大学生走出校园，更深入地了解中国现实国情。在组织校外实践活动时，要把握正确的政治和文化导向，引导大学生学会用马克思主义理论去理解和解释各种社会问题，从而理解把握中国社会主义发展的应有之路。内容丰富、形式多样的课外文化实践活动可以促进大学生将丰富的文化内容转化到多样性的文化体验与实践中，从而达到以文化人的目的，最终有利于新时代大学生文化认同的培育。

第三节　拓宽新时代大学生文化认同培育的渠道

大学生文化认同问题直接关系到中华文化的复兴和中华民族的生存。在当今复杂的多元文化环境中，鉴于各种不良文化思潮对中国高校大学生已经产生的以及潜在的影响，大学生文化认同问题应当在整个教育领域引起足够的重视。从培育渠道来说，在课程设置方面，需要优化大学生文化认同教育课程，提升大学生文化认同的认知水平，重视对大学生的中华优秀传统文化教育、革命文化教育和社会主义先进文化教育；在教育形式方面，通过形式多样、内容积极的校园文化活动，提升文化认同的实践性；在教育载体方面，创新网络文化传播平台，扩展文化认同培育场域；在教育资源方面，整合社会公共文化资源，发挥社会环境的认同教育功能。

一、优化文化认同教育课程，提升文化认同的认知水平

十九大报告中指出："推动中华优秀传统文化创造性转化、创新性发展，继承革命文化，发展社会主义先进文化，不忘本来、吸收外来、面向未来，更好构筑中国精神、中国价值、中国力量，为人民提供精神

指引"①。2016 年 12 月，习近平总书记在全国高校思想政治工作会议上指出，"加强中华优秀传统文化和革命文化、社会主义先进文化教育，加强党史、国史、改革开放史、社会主义发展史教育，加强国家意识、法治意识、社会责任意识教育和民族团结进步教育、国家安全教育、科学精神教育"②。

加强高校的人文教育已经成为高等教育的核心任务之一。应当说，当前高校的人文教育同以往相比受到了广泛的重视，但实际效果并不明显。在常规的教育教学中，部分高校尤其是理工类高校受科学实用主义和功利主义的影响很深，人文教育在高校中的影响力不足，导致很多大学生的人文素质不高，从而在成长中在自身的文化认同方面出现各种偏差。很多大学生整日埋头专业学习，不能正确理解很多社会经济和文化现象，不关心社会民生事件，缺少对社会的责任感。部分大学生政治意识淡漠，很少学习和深入理解党的路线和方针政策，在社会热点和焦点问题上盲目跟风，看问题只停留在表面，捕捉不到问题的本质。这种状况长期发展下去将阻碍高校校园文化的健康发展，使大学生难以养成全面和深厚的文化素养，也不利于提升大学生文化认同。为了解决这个问题，需要进行高校课程体系设置方面的改革，增加人文社会科学课程在总课程中的占比，构建新型的适应时代需要和大学生特点与成长需求的人文社会科学课程体系。在授课内容中，可将中华优秀传统文化教育、革命文化教育和社会主义先进文化教育纳入课程体系，以此作为抓手全面提升新时代大学生的综合素质，从而提升大学生的文化认同水平。

---

① 习近平. 决胜全面建成小康社会 夺取新时代中国特色社会主义伟大胜利——在中国共产党第十九次全国代表大会上的报告 ［M］. 北京：人民出版社，2017：23.

② 中共中央文献研究室. 习近平关于社会主义文化建设论述摘编 ［M］. 北京：中央文献出版社，2017：132 – 133.

（一）将中华优秀传统文化教育纳入学校课程体系

中华优秀传统文化教育在整个教育体系中有着重要的地位和意义。根据《国家"十三五"时期文化发展规划纲要》的要求："完善中华优秀传统文化教育，加强中华文化基因校园传承"①。在大学生的成长和成才之路上，中华优秀传统文化起着重要的作用，可以给大学生提供丰富的精神营养，在潜移默化中影响着新时代大学生，使他们逐步形成高尚的人格品质、健全的心理结构和健康的精神气质。一些古训如"士不可以不弘毅，任重而道远""燕雀安知鸿鹄之志"等可以激励大学生树立崇高理想；"大道之行也，天下为公""先天下之忧而忧，后天下之乐而乐"等古训可以培养大学生真挚的家国情怀；"天行健，君子以自强不息""路漫漫其修远兮，吾将上下而求索"等名言可以培养大学生积极向上奋发拼搏的人生态度；"己欲立而立人，己欲达而达人""天下兴亡，匹夫有责"培养的则是大学生的道德情操和社会责任感……。然而在当前的高校教育课程体系中，由于重科技轻人文思想的影响，虽然也一直在提倡人文素质教育，但在教育实践中中华优秀传统文化教育方面的课程和教学内容还处于比较边缘化的地位。为了加强中华优秀传统文化教育，高校应当开设中华优秀传统文化方面的课程，以学分制课程的形式纳入学校课程体系。一方面，鼓励教师开设"中国传统文化概论""古代汉语"等介绍中华优秀传统文化的必修或选修课，另一方面，鼓励其他专业课教师在授课中将中华优秀传统文化元素有机地融入各专业课堂。通过这些平台的搭建，为新时代大学生较为系统地介绍中华优秀传统文化，使他们在各种形式的熏陶中了解中华优秀

---

① 中办国办印发《国家"十三五"时期文化发展改革规划纲要》［N］. 人民日报，2017－05－08（11）.

传统文化，领悟中华优秀传统文化精神，增强传统文化自信，提高传统文化自豪感。

（二）重视高校课堂中的革命文化教育

革命文化教育是宝贵的教育资源和教育内容。对大学生加强革命文化教育，可以坚定大学生的理想信念，提高明辨是非的能力，培养社会责任感，增强文化自信。革命文化教育在当前具有重要的时代意义，2017 年国务院颁布的《关于加强和改进新形势下高校思想政治工作的意见》中要求"高校切实抓好马克思列宁主义、毛泽东思想学习教育"，"弘扬革命文化"，"加强革命文化教育"，"深化中国共产党史学习教育，利用重大历史事件纪念活动、爱国主义教育基地等组织开展主题教育活动"①。在当今新形势下，高校思想政治工作必须将革命文化教育作为一项重要的内容，用革命精神激励决心，用革命理想信念坚定初心。对于大学生而言，接受革命文化教育有利于他们了解中国共产党领导下的中国革命的历史，学习可歌可泣的爱国英雄和民族英雄的精神，培养强烈的爱国主义情感，并且将这种爱国情感转换成为祖国奋斗的精神支柱，磨砺自己的奋斗意志，锻造优秀的个人道德品质，成为新时期积极向上、奋发图强的有为青年。

（三）强化高校思想政治教育课程中的社会主义先进文化教育

首先，强化社会主义先进文化教育，使大学生对社会主义先进文化有正确的认知。习近平总书记指出："高校教师要坚持教育者先受教育，努力成为先进思想文化的传播者、党执政的坚定支持者，更好担起学生健康成长指导者和引路人的责任。""要坚持把立德树人作为中心

---

① 中共中央国务院印发《关于加强和改进新形势下高校思想政治工作的意见》［N］.人民日报，2017－02－28（1）.

环节，把思想政治工作贯穿教育教学全过程，实现全程育人、全方位育人。""要用好课堂教学这个主渠道，思想政治理论课要坚持在改进中加强，提升思想政治教育亲和力和针对性，满足学生成长发展需求和期待，其他各门课都要守好一段渠、种好责任田，使各类课程与思想政治理论课同向同行，形成协同效应"①。在高校思想政治教育过程中，应当注重社会主义先进文化与课内外思想教育教学过程的融合，坚持文化的社会主义方向，使大学生在正确的引领下成为社会主义先进文化的继承者和弘扬者。在当今全球化和外来文化的影响下，大学生同以前相比生活态度更为务实，主体意识更强，心态更为开放，更加追求成功和个人价值的实现。在这种情况下，有必要通过社会主义先进文化教育来引导大学生，在教育形式上要考虑新时代大学生的心理特点，以丰富多彩的社会主义先进文化教学内容和理论联系实际的教学方法来替代以往的说教模式，增强思想政治教育的针对性和实效性。

其次，要通过思想政治教育提高大学生对社会主义先进文化的文化自信，培养他们对社会主义先进文化的深厚情感。思想政治教育要引导大学生在复杂多变的多元文化环境中找到自己的位置，确立自己的文化身份，在对社会主义先进文化正确认知和认同的基础上，接受并热爱社会主义先进文化。同时，为了有针对性地培养大学生对社会主义先进文化的情感，需要尊重大学生的个性发展与精神文化需求，引导这些需求的正确方向。

再次，通过思想政治教育提高大学生践行社会主义先进文化的文化自觉。思想政治教育要遵循教学规律和大学生的成才规律，除了课堂教

---

① 把思想政治工作贯穿教育教学全过程 开创我国高等教育事业发展新局面 [N]. 人民日报，2016 - 12 - 09（1）.

育环节之外，需要增加实践教学环节的课时，发挥大学生的动手实践能力，提高他们的社会责任心和服务社会的意识，满足大学生的现实需求。在思想政治课实践环节中，积极发挥大学生的主观能动性，引导他们对社会主义先进文化的内涵、特质、历史演变和发展趋势形成正确的认知，培养大学生在复杂的环境中明辨是非的鉴别力，主动、自觉地践行社会主义先进文化。

二、加强校园文化活动建设，提升文化认同的实践属性

2016 年习近平总书记在全国高校思想政治工作会议中指出："要更加注重以文化人，以文育人，广泛开展文明校园创建，开展形式多样、健康向上、格调高雅的校园文化活动，广泛开展各类社会实践"[①]。在校园文化建设上需要"大力繁荣校园文化，创新校园文化品牌，挖掘校史校风校训校歌的教育作用，推进高校特色校园文化建设；实施'高校原创文化经典推广行动计划'，支持师生原创歌剧、舞蹈、音乐、影视等文艺精品扩大影响力和辐射力；广泛开展'我的中国梦'等主题教育活动，推选展示一批高校校园文化建设优秀成果"[②]，大学校园中的文化活动可以有效地引导大学生正确地理解并自觉地传播和践行社会主义核心价值观，更好地认知和理解中华优秀传统文化、革命文化和社会主义先进文化，培养和锻炼在面临多元文化冲突时的文化判断力和甄别、选择文化的能力。

校园文化活动是提升大学生文化认同的有效载体和途径，科学合理

---

① 把思想政治工作贯穿教育教学全过程 开创我国高等教育事业发展新局面［N］. 人民日报，2016 - 12 - 09（1）.

② 中共教育部党组关于印发《高校思想政治工作质量提升工程实施纲要》的通知［EB/OL］. http：//www. moe. gov. cn/srcsite/A12/s7060/201712/t20171206_ 320698. html.

地开展校园文化活动是提升大学生文化认同的有力抓手。通过开展丰富多彩的、寓教于乐的大学校园文化活动，大学生可以体验和思考各种文化现象，欣赏和诵读各种文化经典，批判和改造各种文化景观，并在这些思考、欣赏、批判、传播中增强大学生的文化认同。大学生的校园文化活动，应当坚持正确的社会主义核心价值观导向，以中国特色社会主义文化作为活动的主题，以文化人，以文育人，在潜移默化中影响大学生的思想境界、个人品质、价值观念和理想追求，培育和提升大学生的文化认同。

（一）重视校园文化活动的文化内涵建设

高校校园文化活动首先应当重视社会主义核心价值内涵，防止出现活动主题和内容的世俗化与低俗化倾向。目前有些校园文化活动缺乏社会主义核心价值观的引导，一味追求新奇和博眼球，内容和格调不高。因此，对于大学校园文化活动，需要在活动的选题、审核、策划、组织等各个环节加以引导，鼓励这些活动通过各种形式彰显正确的价值观，突出社会时代性，展现大学生的良好风貌，力争用文化活动本身的文化内涵和魅力去打动人，引起大学生的心灵和情感共鸣。

首先是开展以推进中华优秀传统文化为主题的校园文化活动。

在当今多元文化相互激荡的环境中，在来自西方资本主义国家的文化渗透与影响下，很多大学生出现了思想和价值观上的困惑。民族虚无主义、享乐主义、个人主义等思潮对大学生产生了负面影响，中华优秀传统文化的地位受到了挑战。在这种环境中，为了提高中华优秀传统文化教育的效果，可以通过开展中国传统文化系列讲座、传统文学经典研读、传统艺术赏析等活动，对大学生进行中华民族的文学艺术、语言文字、民间文化和传统美德等方面的教育和熏陶，使大学生更加深入、全面地了解中华民族精神的丰富内涵，接受和践行中华民族的优秀传统美德，欣赏、传承中华传统艺术形式，把握中华文明的历史渊源与发展，从而促使他们能产生对中华民族的认同感和归属感，提高文化自觉和文化自信，培养和提高自己的文化素养。正如《高校思想政治工作质量提升工程实施纲要》中所指出的，"推进中华优秀传统文化教育，实施'中华经典诵读工程''中国传统节日振兴工程'，开展'礼敬中华优秀传统文化''戏曲进校园'等文化建设活动，展示一批体育艺术文化成果，建设一批文化传承基地，引导高雅艺术、非物质文化、民族民间优秀文化走近师生"①。通过对大学生的语言文字能力培养、传统美德等价值观的培育、中华传统节庆和礼仪文化教育等校园文化活动，可以引导大学生热爱自己的民族语言文字，认同、继承和传播中华民族传统美德，弘扬传统礼仪文化，从而最终认同中华优秀传统文化。

其次是开展以革命文化为主题的校园文化活动。

《高校思想政治工作质量提升工程实施纲要》中指出"挖掘革命文化的育人内涵，实施'革命文化教育资源库建设工程'，开展'传承红色基因、担当复兴重任'主题教育活动，组织编排展演一批以革命先驱为原型的舞台剧、以革命精神为主题的歌舞音乐、以革命文化为内涵的网络作品；有效利用重大纪念日契机和重点文化基础设施开展革命文化教育"②。这里强调的就是革命文化主题校园活动的重要性。通过这些校园文化活动，可以广泛宣传革命文化，对革命精神和革命历史正本清源，培养大学生爱党爱国的真挚情感，引导大学生树立正确的革命文化观，养成坚定的共产主义信念。在实践中，以革命文化为主题的校园

---

① 中共教育部党组关于印发《高校思想政治工作质量提升工程实施纲要》的通知［EB/OL］. http：//www. moe. gov. cn/srcsite/A12/s7060/201712/t20171206_ 320698. html.

② 中共教育部党组关于印发《高校思想政治工作质量提升工程实施纲要》的通知［EB/OL］. http：//www. moe. gov. cn/srcsite/A12/s7060/201712/t20171206_ 320698. html.

文化活动可以采取多样化的形式，例如革命文化歌曲比赛、革命文化历史展或艺术展、革命文化讲坛或论坛、革命文化影视剧展播或革命文化短剧表演等，充分考虑大学生的心理、情感特点，摒弃机械的说教模式，以大学生喜闻乐见的形式激发他们对革命文化的兴趣，深刻认识革命文化的光辉历史与时代内涵，感受革命文化的独特精神魅力，增强大学生的爱党之心和爱国之情。

再次是开展以社会主义先进文化为主题的校园文化活动。

社会主义先进文化主题活动是《高校思想政治工作质量提升工程实施纲要》（以下简称《实施纲要》）提出的，《实施纲要》指出："开展社会主义先进文化教育，开展高校师生社会主义核心价值观主题教育活动"①。在实践中，高校可以建立多种形式的实践活动基地，联系各种爱国主义教育基地和社区、农村、部队、养老机构等，扩大校园文化活动的范围，为社会主义先进文化主题校园活动搭建一个良好的平台，弘扬社会主义先进文化，提升大学生的文化底蕴。大学生可以依托平台开展丰富多样的社会主义先进文化主题活动，例如传播社会主义文明风尚、开展志愿服务、倡导勤俭节约、参加贫困地区支教、参与帮扶共建等活动。通过这些活动，大学生可以在服务社会中传播和推广社会主义先进文化，培养他们的奉献精神，增强社会责任感。

（二）重视校园文化活动在形式上的时代感与实效性

校园文化活动的形式很多，例如主题教育活动、文化艺术活动以及学术文化活动等。校园文化活动对大学生文化认同的实践性有着重要的作用。首先，通过校园文化节、文艺活动等各种形式的校园文艺类文化

---

① 中共教育部党组关于印发《高校思想政治工作质量提升工程实施纲要》的通知［EB/OL］. http：//www. moe. gov. cn/srcsite/A12/s7060/201712/t20171206_ 320698. html.

活动，大学生可以加强自身的艺术修养，提高艺术品位与审美鉴赏力。校园文艺活动既可以使大学生培养出对学校的情感和归属感，又能满足大学生彰显自我认知的需要。内容丰富、形式多样、彰显多样文化属性的大学校园文化活动能够紧跟社会流行时尚，挖掘新锐创意，从而以充满教育意义和吸引力的形式吸引和影响大学生，以此提升大学生文化认同。其次，校园文化活动中的科技文化活动可以加强科技创新，采取包括讲座、展览、竞赛、评选等多元化形式，吸引大学生参与科技创新活动，培养大学生的科技文化素养，在各种科技文化活动中实现文化认同。再次，开展校园文化活动中的各种学术文化活动，可以促使大学生养成独立思维和批判性思维的能力与习惯，激励他们多看、多听、多想、多问，通过各种交流形式，开阔他们的文化视野，鼓励大学生以自己所掌握的专业知识与能力服务社会，从而实现学术引领的目的。最后，利用重要节日和历史事件纪念日举办思想教育主题文化活动，例如革命精神学习活动、革命历史纪念活动、传统文化主题活动等，可以重点挖掘这些活动的时代内涵，发挥这些主题文化活动在当代社会中的现实意义。

三、创新网络文化传播平台，扩展文化认同的培育场域

"随着新媒体快速发展，国际国内、线上线下、虚拟现实、体制外体制内等界限愈益模糊，构成了越来越复杂的大舆论场，更具有自发性、突发性、公开性、多元性、冲突性、匿名性、无界性、难控性等特点"①。互联网是一个互动的平台，这种互动性使平台的使用者可以同

---

① 中共中央文献研究室. 习近平关于社会主义文化建设论述摘编［M］. 北京：中央文献出版社，2017：45.

时、直接地发表各种意见、反馈各种信息。互联网具有传播、引领、整合的多重功能。一方面，互联网作为重要的信息传播交流平台，可以迅捷方便地传播信息，延展交流的时间与空间，实现其文化传播的功能。另一方面，更为重要的是，互联网还承担着传递社会文化传统、引导社会价值观念、树立社会道德准则等方面的使命。因此，我们必须认识到并且充分发挥互联网的舆论导向、资源整合和价值观引领等多种功能。高校是我们培养国家建设所需人才的重要基地，又是当今世界各种意识形态与思想流派激烈交汇与争锋的阵地，必须加强校园网络文化的建设与监管工作，占领网络文化战线阵地，发挥网络载体的文化育人功能，扩展文化认同培育场域。在网络平台教育中，必须把握正确的政治方向，牢牢占领主流意识形态阵地，坚持对大学生文化认同的正面引导。

（一）加强网络文化平台建设

现在的传媒方式与渠道日新月异，当代大学生喜爱的社交媒体已经从电话、短信、飞信、论坛扩展到了微信、微博、抖音等新型社交媒体。建设新媒体时代的立体化文化宣传阵地，就需要以这些大众传媒新的发展为根据地，与时俱进。2018 年，习近平在全国宣传工作会议上指出，"要加强传播手段和话语方式创新，让党的创新理论'飞入寻常百姓家'"①。在当今网络时代，大学生对虚拟世界的利用率和依赖度越来越高，融媒体所构建的拟态环境已成为他们学习知识、获取信息、社会交往的重要渠道。在这种社会环境中，传统的媒体平台如校报、校园广播、宣传栏等传统阵地不能放弃，而是要继续加强。更重要的是同时要关注微信群、QQ 群等新兴媒体平台，将传统媒体与新时代大学生容

---

① 习近平在全国宣传思想工作会议上强调 举旗帜聚民心育新人兴文化展形象 更好完成新形势下宣传思想工作使命任务 [N]．人民日报，2018-08-23（1）．

易接受的新兴媒体结合起来。这种结合不是简单的 1 + 1，不是机械的传统媒体内容在新兴媒体上的复制，而是要充分利用新媒体的开放性、链接性与互动性，密切关注新时代大学生的文化需求，有的放矢地对大学生提供有效的信息，根据具体的事件和舆情，有效地对相关的大学生群体进行正确的引导。例如，对于校园网络刊物，并不是简单地把校刊的内容搬到网刊上，而是高校根据自己的办学定位和地域特点，结合本校学生的结构特征和实际需求，以学生为主体在教师指导下出版内容新颖、时代性强、可读性强的校园刊物，丰富校园文化的载体形式和传播方式，既要使刊物的内容能够紧扣学生的需求、特点与兴趣点，又能凝练中国特色社会主义文化的精神实质，发挥社会主义核心价值观引领功能，使中国特色社会主义文化成为高校校园文化的主旋律，成为加强大学生思想政治教育、增强大学生文化认同的主阵地。

（二）关注网络文化内容建设

在内容上，首先互联网舆论宣传应当以中国特色社会主义文化为宣传与教育的核心要素，发挥网络中各种文化资源丰富、资讯传播便捷、舆情预警与介入迅速等优势，为大学生提供了解中国特色社会主义文化的教育平台。其次是互联网的文化宣传无论在内容还是方式上都要充分考虑新时代大学生的心理特点，结合大学生在生活中关注的问题、遇到的困难和困惑，选择合适的内容，通过恰当的方式，引导大学生理性认识各种文化现象，培养大学生的独立思考能力和批判性思维能力与习惯，提高大学生的文化甄别能力和文化认同的主体自觉性。在当前复杂的社会环境中，需要特别引导大学生认清披着"民主"与"科学"外衣的各种西方思潮的虚伪性。再次是在继承和弘扬中国特色社会主义文化的同时，通过不断地更新和注入，使社会主流文化与多元文化在正确方向指引的前提下得到均衡发展，提高文化的多样性，使大学生文化认同在发展特点上能够与时俱进。

（三）完善网络引导管理

加强网络引导管理，是新时代大学生文化认同培育的重要保障之一。当前随着网络技术快速发展，网络文化监控存在一定程度的盲区，网络文化的发展也存在一定的不确定性，从而给大学生文化认同培育带来一定难度。网络是各种文化思想激烈交锋的场所，因为具有虚拟性和广泛性，因而经常成为一些不良团体和个人歪曲事实、散布其观点主张的场所，经常不同程度地存在各种色情、迷信、诈骗、谣言等不良信息。因此，有必要加强网络管理，通过制定和实施严格有效的制度，提供健康网络文化的保障机制。只有在我们与网络接触的各个领域共同努力下，一个良好的网络环境才能得以建立和维护。网络文化要得以繁荣发展，从内在上需要我们依法对网络进行监控，营造出一个良好的网络政治环境。总之，从管理体制创新方面积极推进网络文化产业领域的改革，是提升大学生文化认同的有力保障。

四、整合社会公共文化资源，发挥环境的认同教育功能

大学生的文化认同培育实质上是一项社会工程，需要整合社会公共文化资源，营造良好的社会文化氛围，发挥社会环境的认同教育功能，使大学生能够在良好的环境中接受文化认同教育。

首先，需要充分利用社会公共文化资源，加大各级社会公共文化资源使用中的监管力度，净化文化传播的内容与渠道，保证利用各种文化资源时的正确政治方向，营造社会文化建设与传播的良好氛围，为大学生正确的文化认同观念的培育提供良好的社会条件。在社会教育中要遵循文化传播规律，充分利用报纸杂志、网络平台、电影电视等多种形式和平台，充分发挥大众传媒的作用，在潜移默化中影响大学生的思想，向大学生传递正确的价值观。例如，现今深受大学生喜爱的一些节目，如《百家讲坛》《舌尖上的中国》《诗词大会》《大国外交》《文化中国》等宣传和弘扬中国特色社会主义文化的节目，为大学生提供了了解中国特色社会主义文化的机会，有助于提高大学生群体对中国特色社会主义文化的认同。再例如2017年中央电视台推出的一部《大国外交》纪录电影，通过一系列权威访谈和鲜为人知的故事，记录了新中国外交事业在风云变幻的国际外交舞台上的伟大实践，通过纪实叙事的方式展现出新中国大国外交的理论框架，反映了中国外交事业的光辉成就给人民带来的巨大自豪感和精神上的鼓舞，展现了构建人类命运共同体、中华民族复兴之梦、"一带一路"倡议等中国声音在世界上的巨大回响。大学生们在观看完影片后对中国的革命历史和社会主义建设成就充满自豪，对中国特色社会主义道路发展前景充满道路自信，对马克思主义基本理论充满理论自信，对中国特色社会主义制度充满制度自信，对中国特色社会主义文化也充满文化自信。

其次，为大学生提供深入了解国情、参与社会实践的机会。为了便于大学生深入开展社会文化实践体验活动，可以通过整合社会公共文化资源，建立一批稳定高效的社会实践基地，比如革命文化博物馆、历史博物馆、爱国主义教育基地、历史文化遗址、革命文化遗址、革命家故居等，确保大学生文化实践体验活动能够走出校园，持续健康地向前发展。比如2018年11月国家博物馆举行的"庆祝改革开放40周年大型展览"，展示了我国改革开放40年来在政治、经济、文化、民生、生态、科技、军事、党建等领域取得的成就，大学生可以通过参观成就展览，全方位、多角度、深层次地感受改革开放40年的巨大成就与社会变迁，潜移默化中使大学生受到感染和熏陶。开发与利用此类博物馆、爱国主义教育基地等社会公共文化资源，组织大学生进行参观、反思、实践，将有助于大学生了解中国的革命历史文化、社会主义建设成就和悠久丰富的传统文化遗产，以坚定其社会主义信念。

综上所述，新时代大学生文化认同培育可以通过加强认知引导、培养情感认同、开展实践活动等关键内容，促进大学生文化认同中"知、情、行"的平衡发展。通过优化大学生文化认同教育课程、加强校园文化活动建设、创新网络文化平台、整合社会公共文化资源等渠道，提升大学生文化认同的水平，保证大学生文化认同的正确方向。

结　语

当代国内外学者之所以热衷于对文化认同的问题进行研究，主要原因是全球化条件下所出现的文化认同危机需要引起重视，同时也是出于维护国家、民族文化安全的需要。对新时代大学生文化认同的研究，既可以有针对性地解决大学生文化认同中的问题与困惑，增强大学生的文化自觉和文化自信，推动大学生更好地继承和弘扬中国特色社会主义文化，同时也可以提高大学生思想政治教育的质量，提高大学生思想政治教育的实效性，加强大学生思想政治教育工作中的文化引领。

中国特色社会主义新时代是全体中华儿女勠力同心、奋力实现中华民族伟大复兴的时代，是最有基础、最有希望实现中华民族伟大复兴的时代。大学生肩负着实现中华民族伟大复兴中国梦的重任。新时代大学生处于经济全球化、价值多元化的时代之中，在文化认同上面临诸多问题，包括多元文化思潮所引发的大学生文化认同的困惑、网络信息传播构建的文化身份认同体系的虚拟性、全球化时代西方文化殖民主义造成的大学生价值观的模糊、高校文化认同教育的薄弱造成大学生文化认同的不平衡等。研究大学生的文化认同现状，分析新时代大学生群体对中华优秀传统文化、革命文化和社会主义先进文化的认可与接纳的程度，从而有针对性地加强大学生文化认同的培育，帮助大学生树立正确的文化观，指导他们明辨是非，引导他们不仅仅在认识上赞同，情感上接受，更要在行为上践行中国特色社会主义文化。

习近平总书记指出，"没有高度的文化自信，没有文化的繁荣兴盛，就没有中华民族伟大复兴"①。新时代大学生文化认同的培育过程，也是使大学生建立文化自信的过程。新时代大学生文化认同无论在主体上、内容上还是精神内核上都与大学生文化自信相统一。在新时代大学生文化认同过程中，对中国特色社会主义文化的接受、内化、实践和传播就是文化自信的一种表现。作为文化自信的主体，新时代大学生对中国特色社会主义文化的践行，也正是对这种文化的认同。中华优秀传统文化、革命文化和社会主义先进文化这三种文化共同构成了中国特色社会主义文化的内容体系，是各族人民文化认同感、社会归属感和民族自信心的源泉，也是文化自信的来源，新时代大学生文化认同的过程就是让大学生认识并接受中国特色社会主义文化。了解和接受一种文化观并不是我们的最终目标，只有当大学生树立起文化自信，使中国特色社会主义文化成为他们的精神生活引导时，才能符合社会主义的本质要求，使大学生在纷繁复杂的国际社会环境中认知和辨识各种文化生态，看清社会发展的规律和方向，从而以社会主义核心价值观为指导选择符合个人发展的文化，并通过实践进行文化内化，最终实现文化认同与文化自信的统一。

作为一项探索性研究，与其说找到了提升大学生文化认同的对策，不如说为大学生文化认同研究提供了一种参考。新时代大学生文化认同目标的实现将是一个系统而复杂的过程，既需要有一定的理论指导，又

---

① 习近平. 决胜全面建成小康社会 夺取新时代中国特色社会主义伟大胜利——在中国共产党第十九次全国代表大会上的报告［M］. 北京：人民出版社，2017：41.

需要有相应的经验借鉴；既需要遵守大学生思想政治教育的一般规律，又需要从学生的实际情况出发探讨出相应的对策与方法。目前学界从思想政治教育的角度展开对新时代大学生文化认同的研究还较少，应当予以强化。以实证调查的方式对新时代大学生文化认同进行研究是一次初步的探索，其中所得出的一些结论和所提出的一些对策与方法虽然只是针对调查对象而言，但期待这样的结论和方法能对新时代大学生文化认同提供一些有益的借鉴。对于新时代大学生文化认同的研究，仅仅是一个投石问路的开始。由于时间、精力和水平所限，对新时代大学生文化认同的研究难免会存在浅薄之处，需要在后续研究中进一步修正和完善，做出更为全面、科学、深入的探索。

参考文献

一、经典文献

［1］马克思恩格斯选集（第1－4卷）［M］．北京：人民出版社，2012.

［2］毛泽东选集（第一至四卷）［M］．北京：人民出版社，1991.

［3］邓小平文选（第三卷）［M］．北京：人民出版社，1993.

［4］习近平谈治国理政［M］．北京：外文出版社，2014.

［5］习近平谈治国理政（第二卷）［M］．北京：外文出版社，2017.

［6］中共中央文献研究室．十五大以来重要文献选编（上、中、下卷）［M］．北京：中央文献出版社，2011.

［7］中共中央文献研究室．十六大以来重要文献选编（上、中、下卷）［M］．北京：中央文献出版社，2011.

［8］中共中央文献研究室．十七大以来重要文献选编（上、中、下卷）［M］．北京：中央文献出版社，2013.

［9］中共中央文献研究室．习近平关于社会主义文化建设论述摘编［M］．北京：中央文献出版社，2017.

［10］中共中央文献研究室．十八大以来重要文献选编（上、中、下卷）［M］．北京：中央文献出版社，2018.

二、学术著作

［1］阿尔君·阿帕杜莱．消散的现代性［M］．刘冉，译．上海：上海三联书店，2012.

［2］爱德华·泰勒．原始文化［M］．连树声，译．桂林：广西师范大学出版社，2005.

［3］埃里克森．同一性：青少年与危机［M］．孙名之，译．北京：中央编译出版社，2015.

［4］埃米尔·涂尔干．社会分工论［M］．渠敬东，译．北京：生活·读书·新知三联书店，2017.

［5］安东尼·吉登斯．现代性与自我认同［M］．夏璐，译．北京：中国人民大学出版社，2016.

［6］安吉拉·默克罗比．后现代主义与大众文化［M］．田晓菲，译．北京：中央编译出版社，2001.

［7］聂振斌．中国现代美学名家文丛·蔡元培卷［M］．杭州：浙江大学出版社，2009.

［8］查尔斯·泰勒．自我的根源［M］．韩震，译．南京：译林出版社，2012.

［9］陈先达．文化自信与中华民族伟大复兴［M］．北京：人民出版社，2017.

［10］陈向明．教师如何做质的研究［M］．北京：教育科学出版社，2001.

［11］厄内斯特·盖尔纳．民族与民族主义［M］．韩红，译．北

京：中央编译出版社，2002.

[12] 费穗宇. 社会心理学词典 [M]. 石家庄：河北人民出版社，1988.

[13] 费孝通. 文化与文化自觉 [M]. 北京：群言出版社，2016.

[14] 费孝通. 中国文化的重建 [M]. 上海：华东师范大学出版社，2014.

[15] 冯思淇. 中国特色社会主义文化底蕴研究 [M]. 北京：中国社会科学出版社，2017.

[16] 弗兰兹·博厄斯. 原始人的心智 [M]. 项龙，译. 北京：国际文化出版公司，1989.

[17] 弗雷德里克·詹姆逊. 文化转向 [M]. 胡亚敏，译. 北京：中国社会科学出版社，2000.

[18] 汉斯·摩根索. 国际纵横策论 [M]. 卢明华，译. 上海：上海译文出版社，1995.

[19] 韩震. 全球化时代的文化认同与国家认同 [M]. 北京：北京师范大学出版社，2013.

[20] 何成洲. 跨学科视野下的文化身份认同：批评与探索 [M]. 北京：北京大学出版社，2011.

[21] 黑格尔. 精神现象学 [M]. 先刚，译. 北京：人民出版社，2013.

[22] 黄会林. 当代中国大众文化研究 [M]. 北京：北京师范大学出版社，1998.

[23] 金利卡. 多元文化的公民身份 [M]. 马莉，张昌耀，译. 北京：中央民族大学出版社，2009.

[24] 克利福德·格尔茨. 文化的解释 [M]. 韩莉，译. 南京：

译林出版社，2014.

[25] 李普曼．公众舆论［M］．阎克文，译．上海：上海人民出版社，2006.

[26] 李晓东．全球化与文化整合［M］．长沙：湖南人民出版社，2003.

[27] 梁漱溟．东西方文化及其哲学［M］．北京：中华书局，2018.

[28] 刘济良．青少年价值观教育研究［M］．广州：广东教育出版社，2003.

[29] 路易·阿尔都塞．保卫马克思［M］．顾良，译．北京：商务印书馆，2016.

[30] 陆玉林．当代中国青年文化研究［M］．北京：人民出版社，2009.

[31] 罗钢，刘象愚．文化研究读本［M］．北京：中国社会科学出版社，2000.

[32] 马可·马尔蒂尼埃罗．多元文化与民主：公民身份、多样性与社会公正［M］．尹明明，译．北京：社会科学文献出版社，2015.

[33] 曼纽尔·卡斯特．认同的力量［M］．曹荣湘，译．北京：社会科学文献出版社，2006.

[34] 孟鸣岐．大众文化与自我认同［M］．南昌：江西教育出版社，2005.

[35] 迈克尔·A. 豪格，多米尼克·阿布拉姆斯．社会认同过程［M］．高明华，译．北京：中国人民大学出版社，2011.

[36] 米歇尔·福柯．主体解释学［M］．佘碧平，译．上海：上海人民出版社，2005.

[37] 尼克·史蒂文森. 文化公民身份: 世界性的问题 [M]. 北京: 北京大学出版社, 2010.

[38] 彭聃龄. 普通心理学 [M]. 北京: 北京师范大学出版社, 2012.

[39] 乔尔·科特金. 全球族: 新全球经济中的种族、宗教与文化认同 [M]. 王旭, 译. 北京: 社会科学文献出版社, 2010.

[40] 乔纳森·弗里德曼. 文化认同与全球性过程 [M]. 郭建如, 译. 北京: 商务印书馆, 2003.

[41] 塞缪尔·亨廷顿. 文明的冲突与世界秩序的重建 [M]. 周琪, 译. 北京: 新华出版社, 2010.

[42] 斯图亚特·霍尔, 保罗·杜盖伊. 文化身份问题研究 [M]. 庞璃, 译. 开封: 河南大学出版社, 2010.

[43] 史忠植. 认知科学 [M]. 合肥: 中国科学技术大学出版社, 2008.

[44] 王成兵. 当代认同危机的人学解读 [M]. 北京: 中国社会科学出版社, 2004.

[45] 威廉·A. 哈维兰. 文化人类学 (第 10 版) [M]. 瞿铁鹏, 译. 上海: 上海社会科学院出版社, 2006.

[46] 夏征农, 陈至立. 辞海 [M]. 上海: 上海辞书出版社, 2010.

[47] 邢媛. 文化认同的哲学论纲 [M]. 北京: 人民出版社, 2018.

[48] 亚伯拉罕·马斯洛. 动机与人格 (第 3 版) [M]. 许金声, 译. 北京: 中国人民大学出版社, 2012.

[49] 杨建义. 大学生文化认同与价值引领 [M]. 北京: 社会科

学文献出版社，2016.

[50] 衣俊卿. 文化哲学十五讲（第二版）[M]. 北京：北京大学出版社，2015.

[51] 余秋雨. 何谓文化 [M]. 武汉：长江文艺出版社，2012.

[52] 约翰·汤姆林森. 全球化与文化 [M]. 郭英剑，译. 南京：南京大学出版社，2002.

[53] 张旭东. 全球化时代的文化认同：西方普遍主义话语的历史批判 [M]. 北京：北京大学出版社，2005.

[54] 张耀灿等. 现代思想政治教育学 [M]. 北京：人民出版社，2006.

[55] 赵静蓉. 文化记忆与身份认同 [M]. 北京：生活·读书·新知三联书店，2015.

[56] 张海洋. 中国的多元文化与中国人的认同 [M]. 北京：民族出版社，2006.

[57] 张平功. 全球化与文化身份认同 [M]. 广州：暨南大学出版社，2013.

[58] 郑晓云. 文化认同论 [M]. 北京：中国社会科学出版社，1992.

[59] 周晓虹. 现代社会心理学 [M]. 南京：江苏人民出版社，1991.

三、学术论文

[1] 陈刚. 全球化与文化认同 [J]. 江海学刊，2002（5）：49-53.

[2] 陈永福，陈少平，陈桂香. 大学生中华优秀传统文化教育状况调查研究 [J]. 思想教育研究，2016（1）：120-123.

［3］崔新建. 文化认同及其根源［J］. 北京师范大学学报（社会科学版）, 2004（4）: 102 - 107.

［4］邓治文. 论文化认同的机制与取向［J］. 长沙理工大学学报, 2005（2）: 30 - 34.

［5］樊娟. 新生代大学生文化认同危机及其应对［J］. 中国青年研究, 2009（7）: 36 - 42.

［6］费孝通. 反思·对话·文化自觉［J］. 北京大学学报（哲学社会科学版）, 1997（3）: 22.

［7］冯刚. 在中华民族伟大复兴进程中坚定文化自信［J］. 马克思主义理论学科研究, 2017（3）: 94 - 102.

［8］韩震. 全球化时代的华侨华人文化认同的特点［J］. 学术界, 2009（2）: 50 - 60.

［9］韩震. 论国家认同、民族认同及文化认同［J］. 北京师范大学学报（社会科学版）, 2010（1）: 106 - 112.

［10］郝立新, 朱紫祎. 中国特色社会主义文化的时代境遇与价值选择［J］. 毛泽东邓小平理论研究, 2018（11）: 1 - 7.

［11］和少英, 和光翰. 文化认同与文化挪借［J］. 云南社会科学, 2018（6）: 182 - 183.

［12］贺彦凤, 赵继伦. 全球化时代中国文化认同的建构［J］. 马克思主义与现实, 2007（1）: 202 - 204.

［13］黄莉, 邹世享. 大学生对社会主义核心价值观的认同调查分析［J］. 西南交通大学学报（社会科学版）, 2010（6）: 29 - 33.

［14］姜华. 全球语境下文化自觉与文化认同的哲学思考——韦伯关于德国文化问题研究的启示［J］. 求是学刊, 2012（3）: 32 - 36.

［15］李白鹤. 文化认同与马克思主义中国化［J］. 江汉论坛,

2008（11）：101－104.

　　[16] 李晶. 文化认同视域下社会主义核心价值观的培育研究 [J].
学校党建与思想教育，2017（5）：60－62.

　　[17] 李庆华，奚彦辉. 试论"认同"在大学生思想形成中的作用
[J]. 思想政治教育研究，2009（5）：25－29.

　　[18] 李素华. 对认同概念的理论述评 [J]. 兰州学刊，2005
（4）：201－203.

　　[19] 李天慧. 基于认知哲学的文化认同机制构建 [J]. 当代中国
价值观研究，2018（4）：98－104.

　　[20] 李霞. 习近平新时代中国特色社会主义文化思想研究 [J].
山东社会科学，2018（2）：11－18.

　　[21] 李心记. 文化自信视域下新时代中国特色社会主义文化的民
族特色论析 [J]. 学校党建与思想教育，2019（1）：41－44.

　　[22] 李维武. 中国文化的古今变化及其联系——关于中华优秀传
统文化、革命文化、社会主义先进文化关系的思考 [J]. 中南民族大
学学报，2017（5）：115－121.

　　[23] 李志英. 少数民族大学生文化认同问题研究 [J]. 北京教育
（德育），2009（4）：56－58.

　　[24] 刘海静. 全球化的文化内涵与文化殖民主义 [J]. 理论导
刊，2006（2）：77－79.

　　[25] 刘建军，张韬喆. 坚定文化自信 加强革命精神研究 [J].
中国高等教育，2018（19）：42－43.

　　[26] 龙应台. 文化是什么 [J]. 基础教育，2006（5）：17－19.

　　[27] 陆玉林. 当代中国青年的文化认同问题 [J]. 当代青年研
究，2012（5）：1－5.

[28] 麻国庆. 全球化：文化的生产与文化认同 [J]. 北京大学学报（哲学社会科学版），2000（4）：152－159.

[29] 欧阳哲生. 文化认同·文化反省·文化自觉 [J]. 清华大学学报（哲学社会科学版），2018（1）：172－182.

[30] 秦宣. 分化与整合——谈当代中国人的文化认同 [J]. 教学与研究，2012（2）：5－10.

[31] 邱素英. 文化自觉和个体认同——多元文化冲突下的大学生思想教育 [J]. 当代青年研究，2009（9）：63－67.

[32] 瞿明安. 当代中国文化认同研究的趋势 [J]. 云南社会科学，2018（6）：185－186.

[33] 沈壮海，王绍霞. 全球化背景下青年学生的文化认同 [J]. 思想理论教育，2014（3）：15－20.

[34] 沈自友. 首都大学生传统文化素养调查研究 [J]. 北京教育，2016（4）：10－12.

[35] 石奕龙. 浅谈民族传统文化保护的若干问题 [J]. 中央民族大学学报（哲学社会科学版），2005（1）：99－103.

[36] 唐晓燕. 大学生中华民族文化认同的缺失与提升 [J]. 湖南社会科学，2010（6）：141－143.

[37] 汤耀平. "90 后"大学生对传统文化的认知和态度 [J]. 思想教育研究，2011（6）：85－88.

[38] 万明钢，王亚鹏，李继利. 藏族大学生民族与文化认同调查研究 [J]. 西北师大学报，2002（5）：14－18.

[39] 王春江. 多元文化背景下大学生的文化认同与民族精神弘扬和培育 [J]. 辽宁教育研究，2007（8）：104－106.

[40] 王栋梁，龙波宇. 网络时代大学生文化认同的特点及应对策

略［J］. 学校党建与思想教育，2018（3）：63－65.

［41］王立洲. 当代中国人的文化认同危机及其重建［J］. 求实，2011（4）：49－52.

［42］王沛，胡发稳. 民族文化认同：内涵与结构［J］. 上海师范大学学报，2011（1）：101－106.

［43］王艳华. 文化认同对大学生思想内隐形成的影响及教育对策［J］. 思想政治教育研究，2013（2）：31－35.

［44］王玉丰. 试探大学生文化认同现状与成因［J］. 学校党建与思想教育，2006（7）：63－65.

［45］吴灿新. 文化认同与和谐社会建设［J］. 广东省社会主义学院学报，2006（3）：49－53.

［46］吴玉军，刘娟娟. 总体国家安全观视域下的文化认同问题［J］. 中国特色社会主义研究，2018（5）：47－54.

［47］奚彦辉. 大学生思想形成的认同机制探究［J］. 思想理论教育导刊，2011（4）：99－102.

［48］谢守成. 大学生传统文化认同培育途径探析［J］. 思想政治教育研究，2015（2）：67－70.

［49］邢媛. 论文化认同的三种主要形式［J］. 科学技术哲学研究，2017（4）：102－107.

［50］燕连福，李婧. 新时代发展中国特色社会主义文化的三重维度［J］. 思想理论教育导刊，2018（12）：57－61.

［51］杨建义. 大学生文化认同机制研究［J］. 思想教育研究，2012（7）：45－50.

［52］杨萍. 心理学视域下少数民族大学生文化认同研究［J］. 贵州民族研究，2015（7）：221－223.

[53] 杨素萍,尚明翠.广西汉、壮族大学生文化认同调查研究 [J].广西师范学院学报(哲学社会科学版),2011(3):74-77.

[54] 衣俊卿.论哲学视野中的文化模式 [J].北方论丛,2001 (1):4-10.

[55] 殷忠勇.社会主义核心价值观与中国优秀传统文化 [J].思 想教育理论导刊,2014(9):73-76.

[56] 雍琳,万明刚.影响藏族大学生藏、汉文化认同因素研究 [J].心理与行为研究,2003(3):181-185.

[57] 张润枝,李天慧.高校思政工作中的"以文化人" [J].北 京教育,2017(3):13-14.

[58] 张首先.红色文化的价值资源与当代大学生的文化认同 [J]. 思想政治教育研究,2011(3):77-79.

[59] 张向东.认同的概念辨析 [J].湖南社会科学,2006(3): 78-80.

[60] 张宗峰,焦娅敏.社会主义核心价值观培育的文化认同机制 探究 [J].思想理论教育,2017(1):57-62.

[61] 郑晓云.文化认同与我们的时代 [J].云南社会科学,2018 (6):178-179.

[62] 周静.微时代环境下大学生主流文化认同危机及其治理 [J]. 湖北社会科学,2018(2):184.

[63] 周俊利.多元文化背景下民族高校大学生文化认同探析 [J]. 云南民族大学学报(哲学社会科学版),2017(3):157-160.

[64] 朱萌,张立成.大学生中国优秀传统文化教育探析 [J].思 想教育研究,2011(11):17-21.

附录1

大学生文化认同调查问卷

亲爱的同学：

您好！这是一份关于新时代大学生文化认同的调查问卷，问卷采取无记名方式进行，所有调查结果仅供学术研究使用，对调查对象及调查内容严格保密。请您认真阅读问题，按照您的真实想法和实际情况准确填写答案，请逐题作答，不要遗漏。十分感谢您的参与！

大学生文化认同研究课题组
2018 年 3 月

一、基本情况

1. 您的学校名称：（　　　　　　　　）［填空题］

2. 您所在年级：［单选题］

A. 本科一年级　　B. 本科二年级　　C. 本科三年级　　D. 本科四年级

3. 大学阶段，您是否担任或曾经担任过学生干部：［单选题］

A. 当过学生干部　　　　　　　　B. 没当过干部

4. 您的性别：［单选题］

A. 男　　　　　　　B. 女

5. 您的民族：［单选题］

A. 汉族　　　　　　B. 少数民族

6. 您的政治面貌：[单选题]

A. 中共党员　　　B. 非党员

7. 您的家庭居住地位于：[单选题]

A. 城市　　　　　B. 农村

二、基本问题

请根据真实情况，在最符合您情况的描述后的方框内划"√"。

序号	项目	完全符合	基本符合	不确定	不太符合	完全不符合
1	如果在街上我遇到老人跌倒，我会主动帮助					
2	我非常反感同学抄袭作业的行为					
3	我憧憬"世界大同、和合共生"的理想社会					
4	当有人对你所在的大学发表不实的负面言论时，你会驳斥对方，维护母校的声誉					
5	对中国载人航天事业取得的成功我感到非常自豪					
6	我经常参加志愿服务活动					
7	我愿意支援国家建设，到国家需要的艰苦地区工作					
8	在公交车上我会主动给老年人让座					
9	我经常参加学校或社会举办的传统文化活动，接受传统文化的熏陶					
10	当我与同学之间出现意见分歧时，我会求同存异，学会倾听和采纳别人的意见					

续表

序号	项目	完全符合	基本符合	不确定	不太符合	完全不符合
11	我能通过欣赏中国国画背后蕴藏着的美，感受中国传统文化的博大与精深					
12	我所在的大学有完整的传统文化方面的课程体系					
13	有的人说马克思主义理论在当代已经过时了，我反对这种说法					
14	我积极参加课堂之外的马克思主义理论学习活动					
15	我平时经常会去革命遗址参观					
16	我在实地参观完革命遗迹或在看完革命题材影片后，感想颇深，开始思索革命前辈的理想信仰					
17	我对红色历史非常感兴趣					
18	我对革命道德的内容非常了解					
19	我对革命理论的内容非常了解					
20	我对革命精神非常了解					
21	我把自力更生、艰苦奋斗作为自己的行为准则					
22	我愿意参加中国革命理论方面的讲座或学习活动					
23	我会勤于学习，关心国家、关心世界，学会担当社会责任					
24	中华民族是56个民族组成的大家庭，每个民族都有自己的民族文化，我对不同的民族文化非常感兴趣					

续表

序号	项目	完全符合	基本符合	不确定	不太符合	完全不符合
25	我经常参加各种民族文化活动，通过活动，我了解和宣传民族文化					
26	我对社会主义先进文化非常认同					
27	我对中华优秀传统文化非常认同					
28	我对革命文化非常认同					
29	我认为革命精神在当今是有价值的					

请根据真实情况，在适合的方框内划"√"。

序号	项目	非常赞同	基本赞同	说不清楚	基本不赞同	非常不赞同
30	党的十九大以来颁布了一系列方针政策，把以人为本的理念落到实处，全心全意为人民服务，最大程度为人民谋福利					
31	诚信是做人的基本准则，对新时代大学生来说至关重要					
32	大学生要努力学习，为构建社会主义和谐社会做出积极贡献					
33	顾炎武的"天下兴亡、匹夫有责"这句格言在今天被赋予了新的内涵，要求大学生胸怀祖国，自觉承担起振兴中华、关爱社会的责任					
34	大学生要适应时代发展的要求，增强爱国情怀					

续表

序号	项目	非常赞同	基本赞同	说不清楚	基本不赞同	非常不赞同
35	我们应当关注社会中的平民英雄，传承道德力量，彰显"好人好报、以德报德"的社会风尚					
36	在人际交往中应当与他人保持一种和谐友善的关系，但在对具体问题的看法上却不必苟同于其他人					
37	高校通过开设书法、美术、音乐、舞蹈等美育课程，可以引导大学生感受中华传统文化的魅力，提高审美情操					
38	大学生应该提倡勤俭节约，反对浪费					
39	电视节目《舌尖上的中国》传播了中国各地美食文化的源远流长，通过展现一道道精美的食品和美食背后的历史与风俗，在现代社会实现了对中华优秀传统文化的传承					
40	马克思主义是科学的理论，创造性地揭示了人类社会发展规律					
41	社会主义先进文化应该面向现代社会发展，为现代社会发展提供精神动力和智力支撑					
42	任何一种文化只有在与世界各民族文化交流之中，不断吸收和借鉴各种先进的文化成果，才可能不断发展前进					
43	社会主义先进文化是面向未来的，因而能够引领中国文化的发展					

续表

序号	项目	非常赞同	基本赞同	说不清楚	基本不赞同	非常不赞同
44	中国是一个统一的多民族国家，应当尊重和保护各民族文化，包括各少数民族的文化，实现民族文化的共同发展					
45	以马克思主义为指导的实践性是社会主义先进文化科学性的重要表现					
46	社会主义先进文化面向人民大众，努力将文化以喜闻乐见的形式普及到人民群众中，为广大人民群众服务					
47	了解我国革命道德对实现自己人生价值有意义					
48	社会主义革命是人类历史上最广泛、最深刻、最彻底的革命					

49. 我主要通过以下途径了解中华优秀传统文化：[多选题]

A. 上网查阅　　　B. 课堂学习　　　C. 长辈传授　　　D. 传媒宣传

E. 参加一些弘扬中国传统文化的活动　　　　　F. 其他

50. "三个面向"是指：[多选题]

A. 面向现代化　　B. 面向科学　　C. 面向未来　　D. 面向民族

E. 面向世界

51. 下列将社会主义先进文化贯穿到思想政治教育全过程的各种途径中，我比较容易接受的是：[多选题]

A. 课堂教学　　　　　　　　　B. 专题讲座

C. 媒体宣传　　　　　　　　　D. 网络自主学习

E. 校园文化活动　　　　　F. 家庭教育

G. 榜样示范　　　　　　　H. 社会实践

I. 其他

52. 我所在的学校对于社会主义先进文化的教育主要有下列形式：

[多选题]

A. 主题教育活动　B. 课堂教学　　　C. 专题讲座　　　D. 学生研讨

E. 参观走访　　　F. 社会实践

53. 我了解下列中国共产党的革命精神：[多选题]

A. 井冈山精神　　　B. 延安精神　　　C. 西柏坡精神　　D. 长征精神

E. 苏区精神　　　　F. 红船精神　　　G. 其他

54. 我所在的学校对于革命文化的教育主要有下列形式：[多选题]

A. 主题活动　　　　B. 课堂教学　　　C. 专题讲座　　　D. 参观走访

E. 社会实践

问卷填写完毕，谢谢您的配合！

附录2

大学生文化认同访谈提纲

1. 在中华优秀传统文化中的"和合"思想中，"和"指和谐、和平，"合"是合作、融合。你怎么看待传统文化中的这种"和合"思想？

2. 你怎么看待社会理想和个人理想的关系？

3. 你对"守诚信、崇正义"是如何理解的？

4. 你怎么理解"天下兴亡，匹夫有责"这句话？

5. 有没有听说过"为中华之崛起而读书"这句话，你对此有何感想？

6. 你怎么理解"崇德向善"这个词？

7. 你怎么理解中国的"孝"文化？你了解中华传统文化中"礼义廉耻"的具体内容吗？这些思想的现代意义是什么？

8. 你是否认同"求同存异"的处世方法？能否举个例子来说明？

9. 你所在的高校是否开设了书法、美术、音乐、舞蹈等美育课程？你是否有兴趣选修这些课程？选修这些课程的收获是什么？

10. 你们大学有举办一些传统文化活动吗？你是否喜欢参加这些活动？通过活动你的收获是什么？

11. 你如何理解中华传统文化中的"中庸"之道？

12. 当今社会中你认为大学生还有没有必要提倡勤俭节约？

13. 你有没有听说过社会主义先进文化的"三个面向"？你是怎么

理解的？你所在的学校有没有出国学习交流的机会？你是否愿意参加到国外学习交流活动？为什么愿意参加？有没有参加过？有何收获？

14. 社会主义先进文化是民族的、科学的、大众的文化，你是否听说过该论述？你是如何理解的？

15. 你如何看待革命精神？你如何看待革命道德？你是否学习过中国革命理论？你怎么看待革命理论？

16. 你所在的学校是否有组织革命文化教育活动？你是否愿意参加此类活动？有何收获？

17. 当今社会上存在着一些不良社会思潮，比如自由主义、功利主义等，你如何看待这些思潮？这些思潮对你有何影响？

18. 网络在你的生活中起着什么样的作用？你觉得网络对你的身份或社会角色是否有影响？

后 记

　　本书是在博士论文的基础上进一步修改完善而成的。在攻读博士学位的三年中，恩师张润枝教授对我的成长产生了深远影响。恩师学术造诣深厚、治学态度严谨，无论在学习上，还是在生活中给予了我无微不至的关爱和指导，严谨的治学作风和敬业精神是我终生学习的楷模。在恩师身上，不但学到了丰富的知识与科学的思维方式，还领悟到更多的为人处世的道理，这些都让我受益终身。感谢北京师范大学的刘川生教授、王树荫教授、冯刚教授、王炳林教授、周良书教授、石中英教授都在本书选题和撰写的过程中给予我建议和指导！他们是学术上的大家，他们学术上的指导、严谨治学的精神追求让我获益良多。张润枝教授审阅了本书，并提出了中肯的建议，根据修改意见，我进一步完善了本书的内容和结构，对此深怀感激。本书的出版只是对大学生文化认同研究的一次初步的探索，还有很多具体问题尚待深入研究。我会在学术的道路上继续坚定地走下去，欢迎广大读者对本书提出建议和批评。

马丽萍

2020 年 9 月 8 日